고교학점제를 완성하는 진로 로드맵
공학·미디어계열

고교학점제를 완성하는 진로 로드맵
공학·미디어계열

펴낸날 2023년 1월 10일 1판 1쇄

지은이 정유희·안계정
펴낸이 김영선
책임교정 나지원
교정·교열 이교숙, 이라야
경영지원 최은정
디자인 박유진·현애정
마케팅 신용천

펴낸곳 (주)다빈치하우스-미디어숲
주소 경기도 고양시 일산서구 고양대로632번길 60, 207호
전화 (02) 323-7234
팩스 (02) 323-0253
홈페이지 www.mfbook.co.kr
이메일 dhhard@naver.com (원고투고)
출판등록번호 제 2-2767호

값 17,800원
ISBN 979-11-5874-174-7 (44370)

고교학점제를 완성하는

완 성 하 는

정유희 · 안계정 지음

진 로

로 드 맵

공학
미디어
계열

미디어숲

추천사

고교학점제가 시작되면서 고등학교를 진학하기도 전에 많은 학생들이 진로에 대한 고민을 하고 있습니다. 하지만 어렴풋이 진로를 결정하더라도 고등학교 생활을 어떻게 해야 할지 막막한 경우가 많습니다. 지금 대학에서는 학과별, 계열별에 따라 적합한 교과 선택과 다양한 활동들을 한 학생들을 원하고 있습니다. 이렇게 선발된 학생들은 대학 생활이나 사회 생활에 적극성을 가지고 활동하고 있습니다. 그래서 이 도서는 아직 진로 설계가 명확하지 않은 학생, 다양한 심화 활동을 하고 싶은 학생들에게 추천합니다. 구체적인 진로 로드맵 구성과 다양한 세특 사례 및 탐구보고서 주제까지 이 책 한 권으로 충분한 길라잡이가 될 것입니다.

경상국립대 물리학과 정완상 교수

〈진로 로드맵 시리즈〉는 구체적인 정보를 제공하여 입시 전문가들과 학부모들이 찾아보는 필독서가 되었다. 이번 시리즈 또한 계열에 관한 최신 정보를 소개하며 학생부 로드맵을 통해 많은 세특 자료와 탐구보고서 주제를 제공하여 자신의 진로를 이룰 수 있도록 도움을 제공하는 지도서가 될 것이다. 이 분야를 지원하는 학생들과 학부모, 그리고 진로, 진학 컨설턴트들에게 꼭 추천할 만한 책이다.

서정대, 한국전문대학교육협의회 국제협력실장 조훈 교수

『고교학점제로 완성하는 진로 로드맵』 시리즈는 지금까지 진로·진학·탐구보고서까지 다양한 책을 집필한 저자들이 고교학점제 시행으로 변화된 진로 로드맵 구성을 선보이고 있다. 이 책은 각 학과별로 관심 있는 주제를 시작으로 진로 로드맵과 세특, 추천도서와 탐구주제까지 다양하게 구성되어 있어 학생들이 어떤 활동을 하면 좋을지 확인할 수 있다. 또한 심화 탐구 주제를 찾고 싶은 학생들을 위해 학과별 키워드와 논문, 최근 동향까지 파악할 수 있어 시사적인 내용을 공부하기에도 좋다. 따라서 중·고등 학생들은 꼭 읽어보고 진로활동을 설계하면 많은 도움이 될 것이다.

영산대학교 사회복지학 정찬효 겸임교수

고교학점제가 시작되면서 대입을 위해 학생들의 과목 선택이 더욱 중요해졌을 뿐만 아니라 과목에 따라서 어떤 심화 탐구활동을 하느냐가 중요하게 되었습니다. 하지만 학생이나 학부모가 접할 수 있는 정보가 부족한 것도 사실입니다. 이러한 시기에 선택과목, 추천 도서, 심화 탐구주제 등을 자세히 소개해 주는 이 책은 학생들이 대입을 준비하는 데 큰 도움이 될 것입니다.

영남고 진로교육부장 김두용 교사

믿고 보는 진로 로드맵 시리즈는 꼭 필요한 것들만 쏙쏙 모아둔 정보 맛집과도 같은 반가운 도서입니다. 이번 책은 다가올 고교학점제 대비뿐만 아니라 트렌디한 미래기술과 역량까지 반영이 되어 있어 학생들 지도에 많은 도움이 될 도서입니다. 특히, 합격한 학생들의 진로 로드맵과 세특 사례, 탐구보고서 주제까지 제공하여 학생들이 나만의 진로 로드맵을 작성하는 데 길라잡이가 될 것입니다.

거창고 진로교육부장 손평화 교사

많은 진로·진학·입시와 관련된 도서들이 출간되어 시중에 나와 있지만 『고교 학점제로 완성하는 진로 로드맵』 시리즈의 경우는 다른 도서들과 다르게 최근 트렌드에 맞게 학생들이 원하는 부분 분야로 잘 구성되어 있다. 최근 변화되고 있는 사회적 경향과 시사적인 내용들까지 포함하고 있어 학생들이 자신의 진로에 맞는 시대적 흐름을 읽을 수 있다. 또한 현장에서 제일 힘든 부분이 심화 활동 지도인데 다양한 심화 탐구 주제가 있어 학생들이 조금만 응용한다면 심화 보고서까지 쓸 수 있을 것이다. 자신만의 진로 플랜이 필요한 학생들은 꼭 이 책을 읽고 진로의 방향에 맞는 다양한 활동을 하면서 진로 관련 스펙을 만들어 대학 합격의 기쁨을 누렸으면 한다.

고성고등학교 생명과학 정재훈 교사

학교 현장에서 다양한 진로를 가진 학생들을 만납니다. 적극적으로 자신의 진로 설계를 하는 학생도 있지만 진로를 결정 못 해 어려워하는 학생도 있습니다. 이 책은 두 학생 모두에게 권하고 싶은 책입니다. 진로가 결정되어 있는 학생에게는 탐구보고서 주제를 찾기 위한 학과 키워드와 교과별로 정리되어 있는 탐구보고서 주제를 활용하면 좋을 것 같습니다. 아직 진로가 결정되어 있지 않은 학생들이 이 책을 읽으면서 어떤 학과들이 있는지, 어떤 연구들이 진행되는지 확인하고 자신에게 맞는 진로를 결정해도 좋을 것 같습니다. 이 책은 진로에 대한 고민으로 힘들어하는 학생, 학부모, 교사 등 모든 이들에게 나침반 역할을 하기에 추천합니다.

김해분성고등학교 진로교육부장 정명희 교사

『나는 탐구보고서로 대학 간다』 책으로 진로 로드맵 저자들과 인연이 시작되었습니다. 앞서 출간된 많은 진로진학 도서나 칼럼으로 이미 다양한 정보를 제공받아 현장에서 많은 도움을 받고 있습니다. 이번 『고교학점제로 완성하는 진로 로드맵』시리즈 또한 진로 로드맵 설계부터 심화 탐구보고서 주제까지 다양하게 구성되어 있어 고교학점제를 준비하는 학생들에게 큰 도움이 될 것 같습니다. 이 시리즈는 진로에 고민이 있는 학생들, 심화 활동을 하고 싶은 학생들, 진로지도를 하고 계시는 선생님, 중·고등학생을 둔 학부모님들까지 모든 분께 도움이 되는 책이라고 생각합니다.

대전괴정고등학교 진로교육부장 이정아 교사

이 책은 공학계열을 준비하고자 하는 고등학생들에게 매우 유용한 책이다. 이 책은 계열별로 어떤 성향의 학생이 맞는지를 설명하고, 고등학교 기간 자율활동, 동아리활동, 진로활동에서 무엇을 어떻게 해야 하는지 세부적인 안내를 하고 있다. 또한, 각 계열에서 읽으면 좋은 추천 도서를 포함하고 있고, 탐구주제도 제시하여 학생들이 탐구활동을 하는데 귀중한 안내자료로 활용할 수 있다. 학생들이 어떻게 활용하느냐에 따라 황금알을 낳는 거위가 될 것이다. 진로를 위해 무엇을 할지 모르는 고등학생은 이 책에서 제시하는 대로 따라가 보며 자신의 진로 로드맵을 세워보기를 바란다. 그것이 성공의 비결이 될 것이다.

전 가톨릭대학교 교육대학원 겸임교수, 전 서울 청원고등학교 배상기 교사

학생부종합전형에서 더욱 중요해진 학업 역량 기반의 진로 설계 로드맵은 현재 고교재학생들과 향후 2025년에 전면 도입되는 고교학점제 시행을 앞둔 시점에서 중등부 학부모님들에게도 매우 중요한 관심사로 보입니다. 특히 자소서 폐지와 학생부 기재 간소화로 학생부종합전형을 준비하는 학생들의 관심 학과별 비교과 창체활동과 이를 연계한 학년별 교과이수 및 풍부한 교과세특 예시들과 탐구주제 및 추천도서들은 대입 입시에 길잡이가 될 것이라고 확신합니다.

두각학원 입시전략연구소장 전용준

고교학점제, 어떤 과목을 선택하면 유리하고 무엇을 준비하면 좋을까?

우리나라는 전 세계 최저 출산율을 기록하고 있으며 인구수가 줄어들어 누구나 대학에 갈 수 있는 시대가 되었다. 따라서 대학 합격이 목적이 아닌, 취업이 잘 되는 대학이나 계약학과(반도체, 인공지능, 디스플레이, 배터리, 제약) 등의 합격을 목표로 하고 있다.

세계적인 기업들은 새로운 트렌드를 알고 이를 해결할 수 있는 역량 있는 인재를 선발하고자 한다. 그러므로 단순히 교과 지식만을 습득한 학생보다 "진짜 그럴까?", "다른 방법은 없을까?"라는 고민을 하면서 탐구하는 학생들이 학생부종합전형에서 높은 평가를 받을 수 있다.

그렇다면 학생들은 무엇을, 어떻게 준비해야 할까? 학교에서 익혔던 지식을 검증하고, 비교하면서 탐구하고, 더 나아가 심화활동까지 할 수 있어야 한다. 이후 토론 및 발표 활동을 진행하면서 관련 내용을 세부능력 특기사항에 기록하는 게 중요하다. 이 과정을 이해하기 위해서는 합격한 선배들의 진로 로드맵과 세특, 탐구보고서 등을 참고하여 '나만의 진로 로드맵'을 작성해야 차별화를 나타낼 수 있다.

　'2015 개정 고등학교 교육과정'은 자신의 진로와 흥미에 맞는 과목을 선택할 수 있도록 진로선택 과목과 전문교과 과목을 세분화하여 다양한 기회를 제공하고 있다. 그런데 성취기준이 명확하지 않아 심층적인 이해를 위한 새로운 교육과정이 필요하게 되었다.

　이에 따라 이 책은 '2022 개정 교육과정'을 통해 교과 내용의 양과 난이도를 적정화하였으며, 하나의 지식을 깊이 탐구하고 심층적으로 이해할 수 있도록 구성했다. 또한 이번 시리즈는 학생들의 진로에 대한 폭넓은 이해를 돕고자 더욱 세부적이고 전문적인 내용과 학과별 사례가 필요하다는 요청에 따라 이를 깊이 있게 반영하여 집필했다.

　『고교학점제 완성을 위한 진로 로드맵_공학·미디어계열』은 로봇과 인공지능의 빠른 발전으로 이 계열을 희망하는 학생들에게 진로의 방향을 제시한다.

　이 분야는 지금은 자동화시스템이 도입되어 에너지 소비를 최소화하면서 최대 효율을 얻을 수 있도록 발전하고 있으며, 디지털 트윈 기술을 접목해 스마트 디바이스를 활용하여 관리 및 통제하는 기업들이 성장하고 있다. 따라서 대학에서도 기업이 원하는 인재를 선발하고자 한다. '인공지능과 디지털 기술을 활용하여 운영 및 개발할 수 있는 창의적인 인재'를 선발하고 있기에 이런 모습을 보여줄 수 있도록 탐구활동을 진행하는 것이 좋다.

　계열별 진로 로드맵은 "합격자 선배들의 진로 로드맵과 세특", "추천도서와 탐구 주제 찾기", "핵심 키워드로 알아보는 학과", "학과에서 수강하는 대표 과목", "계열별 선택과목" 등을 살펴보면서 '나만의 진로 로드맵'을 작성할 수 있도록 돕는다. 또한 고교학점제에서 어떤 과목을 수강하면 좋을지, 관련 계열의 최근 시사를 엿보면서 세부적인 계획을 세우고 실천할 수 있도록 구성했다.

- 공학·미디어계열 진로 로드맵
- 의대·약대·바이오계열 진로 로드맵
- 경영·빅데이터계열 진로 로드맵
- 교대·사범대계열 진로 로드맵

고교학점제를 완성하는 진로 로드맵 4가지 시리즈는 학생들이 선택한 진로를 구체화하고 심층탐구 주제를 찾을 수 있도록 다양한 정보를 제공하였다. 따라서 학생들이 각 계열별 진로를 결정하는 데 도움을 줄 것으로 기대한다. 이 책을 통해 많은 학생이 어려움 없이 자신이 원하는 꿈에 이를 수 있기를 바란다.

저자 **정유희, 안계정**

차례

 PART 1 **기계·로봇·모빌리티계열 진로 로드맵**

PART 3 화공에너지신소재계열 진로 로드맵

PART 4

스마트도시건축계열 진로 로드맵

PART 5 VR·AR영상계열 진로 로드맵

PART
1

기계·로봇·모빌리티계열
진로 로드맵

어떤 성향이
이 계열에 잘 맞을까?

이 계열을 희망하는 학생들은 과학상자로 단순히 로봇팔을 만드는 것에 그치지 않고 직접 로봇을 설계하면서 모터와 각속도 등에 관심을 가지고 움직임이 원활할 수 있도록 탐구하려는 학생들이 많다. 또한 자율주행차에 높은 관심을 가지고 라인트레이서, 아두이노로 자율주행차를 제작해보며 더 성능이 높은 자율주행시스템을 개발하고자 추가적인 탐구를 하고 있다. 또한 최신 연구자료를 바탕으로 앞으로 배운 지식을 어떻게 적용할 수 있을지, 어떤 분야가 더욱 발전하게 될 것인지 파악하면서 미래 진로를 구체화하고 있다. 실패에 좌절하지 않고 성공에 이를 때까지 도전하는 학생이 이 계열을 선택한다.

인공지능의 발달로 인해 로봇산업은 사람에게 편리함을 주는 쪽으로 개발되고 있다. 기존에는 산업체에서 사용하는 로봇이 대부분이었는데, 사람들의 반복적인 업무를 도와주는 협동로봇, 사람과 비슷한 모양을 한 안드로이드 로봇은 인간공학적인 설계나 가상인간 등으로 폭넓게 활용되면서 그 활용도는 점차 높아지고 있다. 학생들은 학교에서 수학 및 과학탐구대회(과제탐구활동)에 적극적으로 참여하여 궁금한 문제에 대한 해답을 스스로 해결하는 모습을 보여주고 있다.

자신이 이과라고 생각은 하지만 어떤 탐구를 하면 좋을지 모르는 친구들도 많이 있다. 그런 경우, 합격한 선배들의 세특과 탐구주제를 참고하여 아이디어를 발전시켜 실물로 구현해보면 기계 및 로봇에 관련된 활동이 될 정도로 이 계열은 폭넓은 분야라 할 수 있다. 실험 및 탐구활동을 하고 난 후 실패한 이유를 조사하여 추가로 한 번 더 탐구한다면 좋을 것이다.

[기계로봇계열 진로 로드맵]

구분	중등	고등1	고등2	고등3
자율 활동		학급 자율 탐구활동		
		선후배 연합탐구활동		
동아리 활동	과학실험동아리 활동	과학실험동아리		
	수학주제 탐구활동	과학 시사 토론동아리		
진로 활동	기계/로봇과학대회 참가	실험실/연구실 탐방 직업인과의 만남		진로심화탐구
	코딩교육 및 스터디 활동	서울대 이공계 캠프 카이스트/포스텍 과학캠프		
특기 활동	과학/정보영재교육원 이수	나로우주센터 체험 자동차 디자인 체험 발전소 견학 및 체험		

※ K-Girls Day를 통해 기업·연구소·대학 체험활동 프로그램 활용 가능

고등학교를 입학하기 전 자신의 진로를 파악하는 것이 중요하다. 그래야 어떤 고등학교가 자신에게 잘 맞을지 알 수 있기 때문이다. 특히, 로봇에 관심을 가진 친구들이 직접 제작하여 움직여보면서 자신만의 방법으로 조종하기 위해 소프트웨어 능력이 필요하다는 것을 깨닫고 코딩을 배우는 친구들이 많다. 이런 탐구능력을 가진 친구들은 영재고, 과학고를 희망하고 영재교육원에서 같은 진로를 가진 친구들과 다양한 탐구활동을 하면서 꿈을 키워나가고 있다. 과학적 탐구도 좋아하면서 로봇을 활용한 정밀한 수술과 원격 수술에 관심을 가진 친구들은 일반고 중에서도 과학중점학교에 진학하여 자신의 꿈을 이루고 있다. 따라

서 학생의 성향에 맞는 학교 선택이 더욱 중요해지고 있다.

2025년 고교학점제가 시행되면 일반선택과 진로선택과목은 A, B, C 성취도로 성적을 기입하기에, 성적으로 학생을 평가하는 데 한계가 있다. 따라서 기계·로봇진로를 희망하는 경우 미적분, 기하, 물리학II가 핵심 권장과목이며, 인공지능 수학, 물리학 실험, 정보, 프로그래밍 등을 추가로 이수하여 역학적인 내용과 코딩 능력을 키워 다양한 탐구활동을 하여 실력을 키워나가야 한다. 이렇게 다양한 활동을 성공적으로 하기 위해서는 진로 로드맵을 작성해야 한다. 특히, 시험기간 1달 동안은 성적을 챙기고, 동아리활동은 실험보다는 진로독서 및 주제발표 활동으로 1주에 1명씩 돌아가면서 진행한다면 비교과활동을 하는데 시간도 빼앗기지 않으면서 성적과 활동 두 마리 토끼를 잡을 수 있을 것이다. 그리고 시험 이후나 방학을 이용하여 장기적인 실험을 진행하면 더욱 좋을 것이다.

진로 로드맵에 자율활동, 동아리활동, 진로활동, 특기활동(개인별 세특, 독서 등)과 관련하여 구체적으로 어떤 활동을 할 것인지 내용을 기록한다면 시간을 효율적으로 활용할 수 있으며, 진로에 맞는 일관된 활동을 할 수 있다. 그러면 비교과에 집중하다 교과성적이 떨어지는 실수를 하지 않을 것이다. 또한 과목 선택을 할 때 진로에 연계된 것만 선택할 필요는 없다. 융합인재를 선호하기 때문에 신소재와 로봇 윤리 등의 지식을 쌓으면 더 좋을 것이다.

선배들의
진로 로드맵 엿보기

기계공학 진로 로드맵

➔ 기계공학 합격자 선배들의 진로 로드맵과 세특

공학계열 중 기계공학과는 다양한 분야로 취업이 잘 되기에 인기가 많았다. 4차 산업혁명으로 기계공학과에서 기계설계, 기계설계디자인, 로봇, 자동차, 모빌리티, 우주항공 등 다양한 학과로 세분화되어 전문적인 지식을 보유한 인재 양성에 힘쓰고 있다.

자동차, 드론, 항공기, 우주선 등을 3D프린터로 설계하고 플라스틱뿐만 아니라 금속으로도 출력하여 운영할 정도로 발전하였다. 항공기나 우주선 엔진처럼 다루는 데 고난도의 기술이 필요한 부분이 고장 나면 운행을 중단해야 하므로 영업 손실이 크며, 고장난 상태에서 추락하게 되면 더 큰 문제를 야기한다. 이를 방지하기 위해 엔진의 현재 상태를 디지털 트윈으로 확인하고 언제 수리를 해야 할지 확인할 수 있는 기술이 개발되어 있다.

3D 제조 버추얼랩은 디지털 트윈을 통해 물리적 세상과 가상세계의 간극을 없앰으로써 제품 설계와 제작에 소요되는 시간과 비용을 획기적으로 줄일 수 있다. 제조 창업기업의 제품 설계와 검증을 효과적으로 지원해 제조 창업을 활

성화하고자 3D 설계 및 시뮬레이션 분야 혁신기술을 지닌 다쏘시스템과 협업하여 시스템을 구축했다.

주요 공간은 사이버·물리시스템을 기반으로 정밀설계, 모델링, 시뮬레이션 등을 지원하는 Explore 센터와 가상현실 속 작업환경을 조성해 신속한 제품 검증을 지원하는 VR 스튜디오 등으로 구성되었다. 해당 공간에서는 3D 설계와 시뮬레이션을 지원하는 다쏘시스템의 소프트웨어, VR 장비, 관련 교육 및 컨설팅 등을 제조 창업기업에 제공할 계획이다. 이를 통해 현실에서 시제품을 제작하고 검증 후 폐기, 재설계하는 절차를 가상현실 안에서 진행하여 효율성을 높였다. 창업기업은 제품 설계와 제작에 필요한 시간과 비용(재료비 등)을 줄여준다. 신차 설계 절차까지 2년 6개월이 걸릴 것을 1년 6개월 만에 마치고, 두 차례 시제품 제작까지 완료하는 등 소요시간을 절반 가까이 줄일 수 있었다.

출처 : 3D 제조 버추얼랩(중기부, 고려대)

[기계공학 진로 로드맵]

구분	고등1	고등2	고등3
자율 활동	자동차 공장 견학, 수학/과학 멘토링	과학관 탐방활동, 수학/과학 멘토링	선배와의 만남, 수학/과학 멘토링
동아리 활동	메카트로닉 동아리		
	발전기 제작활동으로 CD와 네오디뮴 자석을 활용하여 제작함. 하이브리드 터빈 발전기에 대해 탐구함.	교류전압을 직류로 바꾸어 콘덴서를 충전하기 위한 정류회로 설계	비행선박의 수면 위 비행에 따른 에너지 절감 효과 탐구
진로 활동	전문가 초청 강연 참여	3D프린터 제작, 기계공학 학과 탐방 및 실험실 탐방	아두이노 제작활동, 3차원 구동 탐구
특기 활동	달걀의 충격량과 운동량의 변화량 측정, 충격량을 흡수할 수 있는 구조물 제작 활동	브래드보드를 이용한 초음파 거리측정 실험 진행	마찰력을 최소화할 수 있는 디자인 탐구

[창의적체험활동]

구분		창의적 체험활동상황
3 학 년	진로 활동	실험실 탐방활동을 하고, 사물인터넷의 활용성에 대해 알게 된 후, 아두이노 제작활동을 통해 회로 구성과 작동원리를 이해함. 이후 물체를 3차원으로 구동하기 위해 모터 3개를 동시에 조작할 수 있는 회로 설계방법에 관심을 가지고 설계하면서 이를 검증함.

[교과 세특]

구분		세부내용 및 특기사항
1 학 년	과학	인공위성과 우주 개발에 대한 정보를 알고자 '**빅 브라더를 향한 우주전쟁**'을 읽고, 인공위성 발사체에 관심을 가지고, 고체 추진체와 액체 추진체의 장단점을 분석하여 발표함. '평행우주'를 읽고, 초끈 이론과 M-이론의 더 자세한 내용을 이해하고자 '**스트링 코스모스**' 책을 추가로 읽음.

2 학 년	확률과 통계	경우의 수 단원에서 순열과 조합에 대한 정의를 알고, 순열과 조합이 어떤 상황에 적용되는지 이해함. 확률에 대한 흥미를 가지고 조건부 확률을 학습한 후, GPS로만 차의 정확한 위치를 파악하기 힘들다는 단점을 해결하기 위해 교통데이터와 차량 간 송수신 데이터를 활용하여 머신러닝으로 정확한 예측이 가능함을 발표함. 불확실함 속에서 오직 참값의 확률만을 찾는 것이 아니라 불확실성을 내포한 확률 분포를 찾아, 더욱더 현실과 가까운 모델링을 가능하게 한다는 내용을 설명함.
	물리I	수행평가 시간에 **'쓰나미의 발생과 에너지의 규모'**를 주제로 선정해 쓰나미의 피해 규모와 이로 발생하는 에너지량을 구하고 이를 대비할 수 있는 방법까지 추가로 알아보는 열정을 보임. 수상 드론 제작과정에서 선체가 움직일 때 받는 물의 저항을 줄이기 위해 MALS 기술에 관심을 가지고 조사하면서 비행선박으로 관심을 확장시킴. 핵분열 발전으로 인한 환경오염문제를 해결할 수 있는 방안으로 플라즈마와 토카막 등 핵융합 발전에 높은 관심을 가지고, 발생할 수 있는 에너지량을 구하여 미래 에너지로써의 가능성을 알려줌.
3 학 년	미적분	다항함수의 미분법 단원을 학습한 후 더 심층적인 탐구를 하고자 교과 외 과정인 로피탈의 정리에 대해 탐구하여 보다 쉽게 풀이할 수 있는 방법을 터득함. 미적분이 실생활에 적용된 사례를 알아보기 위해 **'미적분으로 바라본 하루'** 책을 읽고, 커피를 컵에 부은 후 식는 시간을 도함수로 설명함. 또한 심혈관의 모양과 두께를 미적분으로 알아내고 그 혈관에 흐르는 혈류량을 계산하여 이해함. 이후 **'수학의 파노라마'**를 읽고 루빅스 큐브에 관심을 가지고, 큐브의 최소회전 알고리즘을 직접 검증하면서 신의 수에 대해 알아보는 계기가 되었다고 함.

➡ 기계공학계열 추천도서와 탐구 주제 찾기

[기계공학 추천도서]

[기계공학 탐구 주제 찾기]

과목	단원	탐구 주제
통합 사회	자연환경이 인간의 생활에 미치는 영향	핸드폰 진동 측정기 어플로 지진계 활용방법 탐구
	산업화, 도시화로 나타난 생활공간의 변화	아파트 층간 소음 최소화 방안 탐구
	자원과 지속가능한 발전	해양 SMR을 활용한 수소연료전지 탐구
과학	우주의 시작과 원소의 생성	핵융합 발전 실용 가능성 탐구
	신소재의 개발과 이용	나노로봇에 활용되는 신소재 탐구
	역학적 시스템과 안전	압전소자를 활용한 에너지 재활용 탐구
	에너지의 전환과 효율적 이용	에너지 변환 간 손실에너지 탐구
	태양에너지 생성과 전환	태양광 발전 효율을 높일 수 있는 장치 개발
	발전과 지구환경 및 에너지 문제	하이브리드차 운동에너지를 전기에너지로 변환 효율 탐구
수학	다항식(복소수)	공학 분야에 복소수가 적용되는 사례 탐구
	방정식과 부등식(이차방정식과 이차함수)	화재 진압 시 소화기의 분사 각도 및 소방호스의 물줄기 궤적을 식으로 표현한 후 보완 방법 탐구
	방정식과 부등식(여러가지 방정식)	연립 고차방정식을 활용한 자유주행시스템 탐구

집합과 명제(집합의 연산)	인공지능 가전제품이나 자동제어 분야의 퍼지이론 탐구
함수(무리함수)	교통사고 시 스키드마크를 활용한 사고 차량의 속도 예측

➡ 핵심 키워드로 알아보는 기계공학

기계, 기계설계, 유체, 동역학, 주행, 인공지능, 시스템, 열전달, 적분학, 재료, 자동화, 전기자동차, 전산유체역학, 자율주행, 가스터빈, 스마트팩토리, 3D프린팅

ⓐ DBpia에서 가장 많이 검색된 논문

⊙ 자율주행자동차 개발, 한국자동차공학회

⊙ 인공조직 제조를 위한 줄기세포 및 생체재료 기반 바이오프린팅 기술, 한국정밀공학회

ⓒ CO_2배출, 원자력에너지, 신재생에너지 발전량과의 관계분석:한국, 일본, 독일을 중심으로, 한국신재생에너지학회

ⓔ ESG(Environmental, Social, Governance)가 발전기업의 성과에 미치는 영향, 한국신재생에너지학회

ⓜ 사물인터넷(IoT) 기술동향과 전망, 대한기계학회

ⓑ 시사를 활용한 탐구활동

출처 : 사이언스on(KISTI)

출처 : 사이언스on(KISTI)

→ 기계공학에서 수강하는 대표 과목

[기계공학과 대학에서 이수하는 교과]

교양필수	일반물리학, 물리학 및 실험, 일반화학, 화학 및 실험, 미적분학
전공필수 및 전공선택	공학수학, 공학프로그래밍, 기계공학 프로젝트, 기계설계학, 기계요소 설계, 기구 메커니즘, 그래픽 및 공학설계, 나노재료와 응용, 내연기관, 동력학, 로봇공학, 메카트로닉스, 생체공학, 수치해석, 열역학, 유체역학, 응용재료역학, 자동제어, 전기전자회로, 재료거동학, 지능형 생산공학, 프로젝트 및 세미나 등

[기계공학과 진학에 도움이 되는 교과]

교과영역	교과(군)	공통 과목	선택 과목	
			일반선택	진로선택
기초	국어	국어	화법과 작문, 독서, 문학, 언어와 매체	
	수학	수학	수학I, 수학II, 미적분, 확률과 통계	실용수학, 기하, 수학과제 탐구, 인공지능 수학
	영어	영어	영어회화, 영어I, 영어II, 영어 독해와 작문	
	한국사	한국사		
탐구	사회	통합사회		사회문제탐구, 사회과제연구
	과학	통합과학 과학탐구 실험	물리학I, 화학I	물리학II, 화학II, 과학과제탐구, 융합과학탐구, 고급물리학, 고급화학, 물리학 실험, 화학 실험
생활 교양	기술·가정		기술·가정, 정보	정보과학, 프로그래밍, 공학일반, 창의경영, 지식재산일반, 인공지능 기초
	교양		환경, 실용경제, 논술	

※ 별색 : 핵심 권장 과목

로봇공학 진로 로드맵

➡️ 로봇공학 합격자 선배들의 진로 로드맵과 세특

바야흐로 협동로봇의 시대다. 산업용 로봇의 연간판매량은 지난 5년간(2013-2017) 114% 증가하였다. 전체 산업용 로봇 총판매량의 73%를 제조업을 주력으로 삼는 로봇 5대 시장인 중국, 일본, 한국, 미국, 독일이 차지하고 있다. 특히, 중국에서의 협동로봇은 가히 열풍이라고 할 정도다. 국내 협동로봇 시장 환경도 주목할 만하다. 10,000명의 직원당 85개의 산업용 로봇 유닛으로, 로봇 밀도 분야에서는 세계 1위를 달성하였다.

협동로봇은 로봇 구동 기술뿐만 아니라 안전 대응 기술이 주요한 기술이다. 협동로봇의 충돌 감지 및 대응방안은 크게 5가지로 나뉜다. 첫 번째, 각 관절의 조인트 토크 기반 충돌 감지 기술이다. 이는 매니퓰레이터의 각 조인트에서 측정되는 토크를 감지하고 이를 바탕으로 충돌을 계산한다. 외부에 센서를 부착하지 않고 로봇 내부에 센서를 두어 작업 시 간섭이 없는 형태로 구성할 수 있어 상대적으로 정밀하다. 두 번째, 각 관절의 전류 기반 충돌 감지 기술이다. 이는 추가적인 센서를 두지 않고서도 모터제어 전류량의 흐름만으로 충돌 여부를 감지할 수 있어 경제적일 수 있으나, 상대적으로 약한 충돌에 둔감한 단점이 있다. 세 번째, 로봇 끝단 가속도 기반 충돌 감지 방법이다. 주로 가속도 센서를 로봇 끝단에 장착하여 작업물의 동역학 오차와 충돌 감지를 수행하는 방법으로 센서의 가격대비 정밀도가 우수한 장점이 있으나 복잡한 경로를 가지는 매니퓰레이터에서의 안전검출은 상대적으로 취약하다. 네 번째, 광학 센서를 사용하는 작업자 감지 기술이다. 레이저 스캐너 또는 ToF(Time of Flight) 카메라 등의 센서를 사용하여 사람과 사물을 구분하는 것으로 카메라 기반 자율주행차에 사용하고 있다. 다섯 번째는 정전기 측정방식으로 사람이 접근할 때 로봇에 장착된 스킨으로부터 측정되는 캐퍼시터 용량 차이를 측정하고 이의 미세한 변화량을 감지하여 충돌 및 접근 여부를 알아내는 방법이다. 사람이 접촉하지 않는 수십mm의 거리에서도 비교적 빠르게 인식할 수 있다. 하지만 작업 대상물의 특징과 주변 정전기량의 변화 등에 많은 영향을 받는 단점이 있다.

테슬라는 휴머노이드 로봇, 일명 '테슬라 봇'을 공개했다. 테슬라 봇은 약 9kg의 가방부터 최대 125kg까지 들 수 있고, 도구를 사용할 수 있다. 언젠가는 1인 1대의 휴머노이드 로봇을 지니면서 사람의 일을 대신할 것이라고 말한다. 테슬라 봇은 몸통에는 2.3kWh의 배터리가 장착됐고, 와이파이·LTE를 이용한 통신이 가능하며, 머리에는 테슬라의 통합칩(SoC)이 내장되어 있어 사람의 노동력을 대신할 뿐만 아니라 고차원적인 일을 수행할 수 있도록 설계됐다. 그리고 자동차보다 저렴한 약 2900만원 이하의 가격에 제공된다고 말했다.

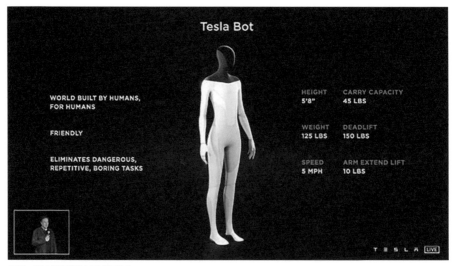

출처 : 테슬라봇(테슬라 유튜브)

[로봇공학 진로 로드맵]

구분	고등1	고등2	고등3
자율 활동	과학부장, 과학 멘토링	과학 심화캠프에 참여하여 아두이노를 활용한 탐구, 수학축전에 참여하여 프로그 래밍의 중요성을 알게 됨.	롤모델 탐구, 과학 멘토링
동아리 활동	유체역학, 충돌과 안정성에 관심을 가지고 '중력의 임무', '물리학자는 영화에서 과학을 본다' 책을 읽고, 이해함.	딱따구리가 충격을 최소화하는 방법을 탐구, 123D와 틴커캐드를 사용하여 로봇을 모델링함.	퓨전 360 프로그램으로 다양한 모델링을 진행함. '딥러닝과 알고리즘 활용' 자료를 읽고 실생활 활용성에 대해 탐구하여 발표함.
진로 활동	전문가 초청 강연을 듣고, 21세기 유망한 안드로이드 로봇, 사물 인터넷 등에 호기심을 가지고 탐구함.	가상현실 공간에서 탐구하면 좋겠다는 생각으로 VR실험실을 제작함	안드로이드 인공지능 로봇 탐구, BCI 탐구
특기 활동	양자 역학, 프랑크 상수 구하기 활동을 하면서 고급 물리학에 관심을 가짐.	MBL을 이용하여 농구공의 이동 궤적을 그래프로 이해함.	입는 로봇의 특징과 활용할 수 있는 다양한 분야 탐구

[창의적 체험활동]

구분		창의적 체험활동상황
2 학 년	진로 활동	로봇 제작 및 프로그래밍에 관심을 가지고 **3D 프린팅 창의교실**에 참여하여 모델링을 체험하면서 로봇을 직접 모델링함. 강의 후 지속적인 연습을 통해 로봇을 제작하는 시간을 단축하고, 다양한 로봇을 제작하면서 원하는 방향으로 움직일 수 있도록 하기 위한 알고리즘에 관심을 가지고 추가로 탐구하는 모습을 보임.
	동아리 활동	모터를 제작하는 프로젝트를 진행하면서 미니 모터를 분해하면서 모터의 구성요소와 작동원리를 이해함. 완성된 모터가 작동하지 않아 그 원인이 무엇인지 파악하는 과정에서 모터를 거꾸로 회전시켜 에너지를 발생하는 발전기의 작동원리를 이해하게 됨. 실패를 교훈으로 삼아 모터를 제작하고 모터의 성능을 극대화하기 위해 더 센 자석의 필요성을 깨닫게 되었으며, 희토류의 중요성을 알게되는 계기가 되었다고 함.

[교과 세특]

구분		세부내용 및 특기사항
1학년	과학	유전을 학습하고 유전알고리즘으로 문제를 해결할 수 있음을 파악함. 수영을 잘할 수 있는 로봇을 개발하기 위해 어떤 방식으로 팔 회전을 해야 더 효과적인지 탐구함. 과학 전반에 흥미를 가지고, 융합적인 탐구능력을 발휘하여 문제를 해결하고 이해하려는 모습을 보이며 남다른 과학적 사고력과 문제 해결력을 갖추었음을 확인함.
2학년	기하	경우의 수 단원에서 순열과 조합에 대한 정의를 배우고, 순열과 조합이 어떤 상황에 적용되는지 이해함. 확률에 대한 흥미를 가지고 조건부 확률을 학습한 후 GPS로만 차의 정확한 위치를 파악하기 힘들다는 단점을 해결하기 위해 교통데이터와 차량간 송수신 데이터를 활용하여 머신러닝으로 정확한 예측이 가능함을 발표함. 불확실함 속에서 오직 참값의 확률만을 찾는 것이 아니라 불확실성을 내포한 확률 분포를 찾아, 더욱더 현실과 가까운 모델링을 가능하게 한다는 내용을 설명함.
	물리I	물리의 개념을 잘 이해하고 관련 문제를 잘 해결하는 능력을 키움. 반원형 물통을 이용하여 물의 굴절률을 구하는 실험에서 굴절각을 정확하게 측정하고, 입사각과 굴절각의 사인값의 비율이 물의 굴절률임을 설명함. 유체의 부력을 알고, 면적의 크기에 따라 전달되는 힘의 차이를 파스칼 법칙으로 계산할 수 있으며, 실생활과 산업에 유체를 이용하여 큰 힘을 얻을 수 있는 작동원리를 잘 설명함. 발표 활동으로 **'냉동인간'**을 주제로 선정하여 관련 자료를 찾아보면서 해동될 때 발생하는 문제를 해결할 방법을 조사하여 이를 시각적인 자료와 함께 발표함.
	생명과학I	생식세포 분열 시 일어날 수 있는 염색체 비분리현상을 잘 구분하여 이를 그림을 그려 설명함. 생명과학 발표 활동으로 **'치타로봇'**을 주제로 발표함. 4족 보행하는 로봇을 개발할 때 치타의 이동을 이해하고자 주제를 선정한 동기를 발표함.
	과학과제연구	탐구방법을 이해하고 조장으로서 조원들의 다양한 의견을 수렴하여 탐구를 진행함. 연구계획서를 작성하는 과정에서 탐구과제와 탐구방법을 세부적으로 작성하고, 임무를 분담하여 구체적인 사진자료와 측정결과를 분석하여 탐구결과보고서와 PPT를 제작하여 발표함. **딱따구리가 충격량을 최소화할 수 있는 방법**에 관심을 가지고 전산 유체역학 프로그램인 ansys를 이용하여 각도에 따른 충격량을 측정하여 90도를 유지할 경우 충격량이 최소가 된다는 결론을 도출함.
3학년	화학II	기체의 압력보다 수압을 이용하는 경우 더 큰 힘으로 물체를 조절할 수 있음을 알고, 로봇에 사용되는 유압 실린더에 대한 기체와 유체의 압력을 측정하여 비교 분석함. 또한 표면장력을 이용한 소금쟁이 로봇을 제작하는 방법에 관심을 가지고 자료 조사를 하면서 발바닥에 기름 성분이 있어야 함을 알게 되었다고 발표하는 등 융합적인 탐구력을 엿볼 수 있음.
	정보과학	C언어를 공부하고 아두이노를 이용한 로봇 팔 제작 활동을 하면서 오픈소스를 활용하되 개선된 프로그래밍을 통해 다양한 움직임이 가능한 로봇 팔 제작이 가능함을 알게 됨. 협동로봇이 널리 보급되고 있는 상황에서 여러 각도로 조절이 가능한 로봇 설계에 관심을 가지고 제작하면서 그 활용성을 이해하는 계기가 되었다고 소감을 발표함.

🡒 로봇공학계열 추천도서와 탐구 주제 찾기

[로봇공학 추천도서]

[로봇공학 탐구 주제 찾기]

과목	단원	탐구 주제
통합 사회	자연재해의 극복과 안전한 삶	재난로봇 기능 탐구
	환경 문제 해결을 위한 노력과 실천방안	해양 쓰레기 제거 로봇 탐구 미세 플라스틱 제거를 위한 생체로봇 탐구

통합 사회	인구변화와 인구문제	고령자를 위한 보조로봇 탐구 노동력 부족한 농촌 일손 보조 로봇 탐구
과학	생명시스템에서의 정보의 흐름	나노로봇을 활용한 예방의학 탐구
	생명 다양성과 보전	디지털 육종 기술로 품종 다양성 탐구
	지구환경변화와 인간생활	환경감시 로봇 탐구 북극 기후변화 감지 로봇 탐구
	에너지의 전환과 효율적 이용	에너지 걱정 없는 로봇 탐구
		에너지 변환을 이용한 로봇의 동적 해석 탐구
수학	방정식과 부등식(복소수)	복소수가 사용되는 푸리에 변환을 조사하고 인공지능 로봇에 적용되는 원리 탐구
	방정식과 부등식(이차방정식과 이차함수)	자동차 전조등의 포물선의 원리와 전조등의 각도 변화에 따른 빛의 분산 영역 탐구
	도형의 방정식(평면좌표)	로봇의 속도를 빠르게 하기 위한 무게중심의 위치
	집합과 명제(명제)	집합의 논리식 로봇 회로에서 어떤 역할을 하는지 탐구
	함수(합성함수)	합성함수와 딥러닝 연산과정 비교 분석 탐구
	함수(여러가지 함수)	로봇 팔의 각도와 길이에 따른 작업의 효율성 탐구

➡ 핵심 키워드로 알아보는 로봇공학

로봇, 모방, 센서, 자동화, 제어, 네트워크, 안드로이드, 스마트팩토리, 3D프린팅, 임베디드, 모터, 통신, 회로망, 구동, 인공지능, 드론, 사물인터넷, 시뮬레이션

ⓐ DBpia에서 가장 많이 검색된 논문

ㄱ 우리 삶을 바꿀 2045년 미래로봇, 한국로봇학회

ㄴ 인공지능과 로봇 미래방향과 4차 산업혁명에 따른 신사업, 대한인간공학회

ⓒ 로봇공학 교육에서 이동 로봇팔의 기구학 유도를 위한 Denavit-Hartenberg 변수 기준의 단일 접근법에 대한 튜토리얼, 제어로봇시스템학회

ⓔ 로봇공학 교육에서 D-H 변수기반의 기구학을 이용한 이륜 로봇의 동역학 유도 및 제어 실험, 제어로봇시스템학회

ⓜ 동역학 기반의 산업용 로봇공학, 한국로봇학회

ⓑ 시사를 활용한 탐구활동

IoT 기술 　무선 통신 　신경망/기계학습 　딥러닝

퍼지 시스템, 데이터 마이닝
다중 속성 의사 결정을 위한 퍼지 언어정보 활용 기술, 데이터 기반 의사결정 시스템

클라우드 보안 　퍼지 시스템 　멀티-에이전트 　반도체

출처 : 사이언스on(KISTI)

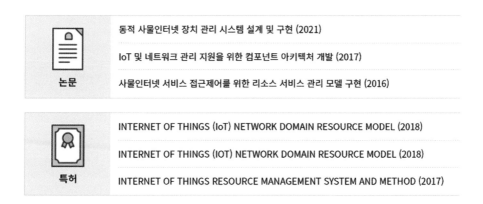

논문	동적 사물인터넷 장치 관리 시스템 설계 및 구현 (2021)
	IoT 및 네트워크 관리 지원을 위한 컴포넌트 아키텍처 개발 (2017)
	사물인터넷 서비스 접근제어를 위한 리소스 서비스 관리 모델 구현 (2016)

특허	INTERNET OF THINGS (IoT) NETWORK DOMAIN RESOURCE MODEL (2018)
	INTERNET OF THINGS (IOT) NETWORK DOMAIN RESOURCE MODEL (2018)
	INTERNET OF THINGS RESOURCE MANAGEMENT SYSTEM AND METHOD (2017)

보고서	사물인터넷(IoT)을 활용한 스마트 물환경관리 방안 및 정책기반 마련 연구 (2016)
	IoT 환경에서 Capability 기반 접근제어 및 프라이버시 관리 통합 프레임워크 (2016)
	실시간 어플리케이션을 위한 에너지 효율적인 모바일 클라우드 자원 관리 시스템 (2019)

동향	KAIST, 나노크기 인공 패턴으로 보안 인증…'매번 다른 형태 (2022)
	KAIST, 1천개 이상 대규모 사물인터넷 동시 통신 기술 개발 (2022)
	지능정보(HAII) 윤리의 발전 방향 (2022)

출처 : 사이언스on(KISTI)

➡ 로봇공학에서 수강하는 대표 과목

[로봇공학과 대학에서 이수하는 교과]

교양필수	일반물리학, 물리학 및 실험, 미적분학, C언어, 기초로봇공학실험
전공필수 및 전공선택	로봇공학입문설계, 공업수학, 이산수학, 정역학, 동역학, 고체역학, 기구학, 회로이론, 디지털 논리회로설계, 디지털 신호처리, 로봇공학, 로봇프로그래밍, 전기전자회로, 사이버물리시스템, 머신러닝, 딥러닝, 제어공학, 협동로봇설계, 로봇비전시스템, 프로젝트 및 세미나 등

[로봇공학과 진학에 도움이 되는 교과]

교과영역	교과(군)	공통과목	선택 과목	
			일반선택	진로선택
기초	국어	국어	화법과 작문, 독서, 문학, 언어와 매체	
	수학	수학	수학I, 수학II, 미적분, 확률과 통계	실용수학, 기하, 수학과제 탐구, 인공지능 수학

기초	영어	영어	영어회화, 영어I, 영어II, 영어 독해와 작문	
	한국사	한국사		
탐구	사회	통합사회		사회문제탐구, 사회과제연구
	과학	통합과학 과학탐구 실험	물리학I, 화학I	물리학II, 화학II, 과학과제탐구, 융합과학탐구, 고급물리학, 고급화학, 물리학 실험, 화학 실험
생활 교양	기술·가정		기술·가정, 정보	정보과학, 프로그래밍, 공학일반, 창의경영, 지식재산일반, 인공지능 기초
	교양		환경, 실용경제, 논술	

※ 별색 : 핵심 권장 과목

자동차공학 진로 로드맵

🠖 자동차공학 합격자 선배들의 진로 로드맵과 세특

4차 산업혁명 관련 기술인 인공지능과 로봇, 빅데이터 및 클라우드 컴퓨팅 기술을 접목하여 자동화 생산설비 기술을 접목한 스마트공장(Smart Factory)이 인더스트리 4.0을 기반으로 발전하고 있다. 일례로 테슬라는 자동차 공장이 아니라 세계 최고의 스마트 팩토리 기업으로 불리고 있다.

테슬라 스마트 팩토리 공장을 기가프레스라고 하는데 생산인력 고용수는 타완성체 업체의 절반 수준이며, 제조원가는 약 30% 절감하면서 더 많이 생산할 수 있는 시스템을 갖추었다. 그로 인해 다른 자동차 기업보다 마진율이 30%에 이를 정도다. 그러나 테슬라는 소프트웨어 기업이다. 테슬라의 최종 목표는 자동차를 많이 판매하는 것이 아니라 자동차를 운행하여 얻은 데이터를 기반으로 자율주행 소프트웨어를 다른 기업에도 판매하는 것이다. 그뿐만 아니라 이러한 데이터를 기반으로 자동차 보험 등 다양한 분야로 산업을 확장하고자 한다.

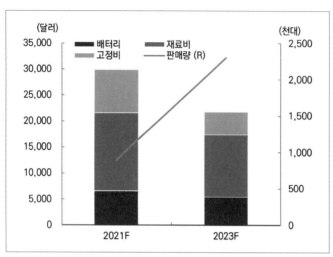

출처 : 테슬라 스탠다드 모델3 원가 추정(미래에셋증권 리서치센터)

[자동차공학 진로 로드맵]

구분	고등1	고등2	고등3
자율활동	정보부장 현대자동차 견학	과학멘토링 멘토 참여 학급 특색활동으로 미래 모빌리티 탐구	과학멘토링 멘토 참여 학급 특색활동으로 차량 무선충전 시스템 탐구
동아리 활동	과학실험동아리		
	아두이노 자율주행차 제작	공기저항을 낮출 수 있는 디자인 설계, 에너지 변환 실험	자동차용 반도체 탐구
진로활동	폭발의 위험성이 없는 배터리 탐구	에너지 변환 효율 증대 방법 탐구	C-ITS를 활용한 자율주행 성능 향상 탐구
특기활동		풍동실험을 통해 공기저항을 알아보기 위한 MBL 실험	

[창의적 체험활동]

구분		창의적 체험활동상황
2학년	동아리 활동	에너지 변환 실험에 관심을 가지고 속력측정기를 바탕으로 각 지점마다 높이와 무게에 따라 발생하는 에너지가 어느 정도인지 파악함. 이후 발전기를 이용하여 운동에너지를 전기에너지로 변환한 후, 전기를 변환시키는 실험과 전기에너지로 선풍기를 작동하는 실험 등을 통해 다양한 에너지로 변환이 가능하다는 것을 알게 됨. 이 실험을 통해 역학적에너지 보존의 법칙에 의해 마찰에 의한 손실이 발생하는 것처럼 에너지 변환과정에서 손실되는 에너지가 있다고 가정하고 이를 줄일 수 있는 방법에 관심을 가지고 추가로 탐구하는 모습을 보여줌. **'에너지 수급 불균형 해소를 위한 생산 효율성 제고 방안'** 심화 자료를 바탕으로 에너지 전환과정에서 25.3%가 사라진다는 것을 알게 되었으며, 국가적 손실이 연간 1조 원에 이른다는 것을 알려주며 이 분야의 연구가 필요하다고 강조함. 특히 전기는 보조금 덕분에 현재 비용만 착할 뿐, 에너지 친화적이거나 환경 친화적이지 않다는 사실을 알게 됨.

[교과 세특]

구분		세부내용 및 특기사항
1학년	과학	해양에서 얻을 수 있는 자원으로 파력, 조력, 조류발전을 학습한 후, 풍력발전뿐만 아니라 다양한 발전이 있다는 것을 알게 됨. 이후 신재생에너지, 자동차에 사용되는 에너지 효율을 높일 수 있는 방법, 엔진과 함께 사용하여 효율을 높일 수 있는 하이브리드 전기차에 관심을 가지고 하이브리드 전기차의 종류와 특징을 정리하여 발표함.
2학년	물리학I	에너지를 학습한 후, 전기자동차 에너지 회생 시스템을 통해 주행거리를 늘릴 수 있다는 것을 알게 되면서 에너지 회생 시스템에 관심을 가지고 탐구함. 회생제동시스템은 모터 스포츠와 고성능 전기차에도 적용됨. 포뮬러 E 레이싱카가 경량화를 위해 적용하는 카본 브레이크 디스크는 섭씨 1000도를 오르내리는 극한의 주행환경 속에서도 회생제동시스템을 사용해 '엔진브레이크' 역할을 하면서 부담을 덜어준다는 것을 알게 되었다는 내용을 소개함. 또한 **제동에너지를 전기에너지로 되살리는 회생제동시스템과 ESS 연계형 회생에너지 시스템**과 관련된 심화자료를 읽으면서 내용을 이해하는 모습을 보임.
	정보 과학	물리학을 공부하면서 알게 된 에너지 회생 시스템의 원리를 이해하고자 **'전기철도 차량의 회생 에너지 저장시스템'** 심화자료를 바탕으로 전기철도 차량에 공급하는 판토그래프, 동력을 공급하는 전동기, 전동기에 공급되는 전압과 주파수를 제어하여 열차의 속도를 제어하도록 하는 전력변환장치, 회생 제동에 의해 발생한 회생 전기에너지를 충전 또는 방전하는 에너지 저장장치, 에너지 저장장치의 작동을 제어하여 전기에너지와 운동에너지간의 변환 등 다양한 제어장치를 포함하여 시스템이 작동한다는 것을 알게 되었다고 함. 전기철도 차량의 안정적인 회생 제동이 가능할 뿐만 아니라 차량 역행 시 저장된 회생에너지를 차량 내 전동기에 공급하여 에너지를 절감할 수 있다는 사실을 알고 관련 신호설비에도 관심을 가지고 이를 알아보는 열정을 보이는 등 앞으로 발전이 기대되는 학생임.

2 학 년	개인별 세특	수업량 유연화 프로그램으로 **풍동실험을 통해 자동차의 공기 저항 계수**를 이해하고자 실험을 하려고 했는데, 이를 학교에서 진행하기 힘들었음. MBL 가속도 센서를 이용하여 저항이 있는 공기 내에서 수직으로 떨어질 때 물체가 받는 공기저항 계수를 측정한 후 이를 통해 유체의 저항을 구하면 좋겠다는 생각을 가지고 탐구를 진행함. 와류가 생기지 않도록 자동차 뒷부분 설계의 중요성과 유선형으로 적용되어 저항을 줄이는 것의 중요성을 확인하게 되었다고 사진자료와 함께 발표함.
3 학 년	물리학II	무선통신을 학습한 후 자율주행 성능을 극대화하기 위해서는 자동차와 교통 신호 간의 통신을 통해 완전자율주행이 가능할 것임을 알게 된 후 '**C-ITS기반 디지털 도로 인프라 확립**'을 주제로 발표를 진행함. "Traffic Light and Stop Sign Control"기능이 평상시에는 잘 작동하여 우수한 자율주행 기능을 수행했지만, 비가 오거나 악천 후 신호등을 잘 구분하지 못해 사고났던 경우를 고려하여 신호와 차량 간의 사물통신이 필요하다고 생각하여 이를 적용하기 위한 연구를 진행하게 되었다고 발표함.

➡️ 자동차공학계열 추천도서와 탐구 주제 찾기

[자동차공학 추천도서]

[자동차공학 탐구 주제 찾기]

과목	단원	탐구 주제
통합 사회	자연환경과 생활	그린 수소 생산기술 탐구
	환경 문제 해결을 위한 다양한 노력	내연기관 자동차 단종으로 얻을 수 있는 탄소감축안 탐구
	산업화와 도시에 따른 우리 생활의 변화	로봇택시로 인한 변화된 생활 탐구
	교통, 통신의 발달과 정보화	C-ITS 통신서비스를 접목한 자율주행차 탐구
	인구변화와 인구문제	고령 운전자 사고율이 높은 이유 탐구
과학	원소들의 화학결합과 물질의 생성	수소연료전지의 환경 정화 효과 탐구
	지각과 생명체 구성물질의 결합 규칙성	전기차 화재 원인 탐구 화재 걱정 없는 전기자동차 탐구
	지구시스템의 에너지와 물질 순환	블랙아이스 제거를 위한 압전발전 활용 탐구
	에너지의 전환과 효율적 이용	인체 삽입형 장기 초음파 충전 효율 탐구
수학	방정식과 부등식(여러가지 방정식과 부등식)	자동차 생산기업의 최대 이윤 계산
	방정식과 부등식(여러가지 방정식과 부등식)	자율주행시스템에서 자동차와 보행자의 현재 속도와 감속 속도에 의한 피해 정도 탐구
	집합과 명제(명제의 역과 대우)	자율주행차의 윤리적 딜레마에 대한 탐구

➡ 핵심 키워드로 알아보는 자동차공학

자동차, 설계, 엔지니어링, 자율주행, 스마트팩토리, 3D프린팅, 공조, 동력학, 운동역학, 동력전달장치, 연소, 현가장치, 응력, 진동, 마찰, 유체

ⓐ DBpia에서 가장 많이 검색된 논문

    ㉠ 자율주행자동차 개발, 한국자동차공학회

    ㉡ 수소연료전지 자동차의 최신기술, 한국에너지학회

    ㉢ 무인 자율주행을 위한 전기자동차 플랫폼 및 경로계획 알고리즘 개발, 한국자동차공학회

    ㉣ 전기자동차의 단점에 대한 이해와 개선전망, 한국자동차학회

    ㉤ 친환경 자동차:하이브리드 자동차, 연료전지 자동차, 전기자동차, 한국 자동차공학회

ⓑ 시사를 활용한 탐구활동

출처 : 사이언스on(KISTI)

논문	효율적인 수전해를 위한 플라즈마 공정 기반 산소발생반응 전기화학적 촉매 및 전극 표면 특성 (2022)
	음이온 교환막 수전해를 위한 고효율 비귀금속 산화물 촉매의 개발 및 응용 (2020)
	국내 저온수전해 수소생산의 경제성 평가 (2011)
특허	알칼리 수전해용 전극촉매의 제조방법, 알칼리 수전해용 전극촉매 조성의 조절방법 및 이를 통해 제조된 알칼리 수전해용 전극촉…
	수전해 시스템 및 이를 포함하는 수소 생산 장치 (2019)
	알칼리 수전해용 수소 정제장치 (2011)
보고서	알칼라인 수전해용 Bi-functional 수소 및 산소 발생 전극 개발 (2016)
	고효율 수전해 수소제조 기술개발 (2006)
	고효율 수전해 수소제조 기술개발 (2009)
동향	인공혈액 만들고 난치병·암 치료할 마이크로바이옴 기술 개발 (2022)
	상용 디젤에서 '수소' 생산… KAIST, 개질 촉매 개발 (2022)
	UNIST, 물 전기분해 효율 높이는 전극 코팅 기술 개발 (2022)

출처 : 사이언스on(KISTI)

➡ 자동차공학에서 수강하는 대표 과목

[자동차공학과 대학에서 이수하는 교과]

교양필수	일반물리학, 물리학 및 실험, 미적분학, C언어, 파이썬, 자동차공학기초
전공필수 및 전공선택	공학수학, 고체역학, 열역학, 유체역학, 동력학, 자동차재료학, 회로이론, 자동차인공지능, 전자회로, 기계진동학, 자동차구조해석, 소음공학, 내연기관, 기계요소설계, 자동차융합실험, 자동제어, 마이크로 프로세서 응용, 디지털 제어, 자동차메카트로닉스, 전공화파워트레인, 차체설계, Matlab기반 수치해석, 대체에너지, 지능형자동차, 차량신호처리, 자동차전자제어시스템설계, 프로젝트 및 세미나 등

[자동차공학과 진학에 도움이 되는 교과]

교과영역	교과(군)	공통과목	선택 과목	
			일반선택	진로선택
기초	국어	국어	화법과 작문, 독서, 문학, 언어와 매체	
	수학	수학	수학Ⅰ, 수학Ⅱ, 미적분, 확률과 통계	실용수학, 기하, 수학과제 탐구, 인공지능 수학
	영어	영어	영어회화, 영어Ⅰ, 영어Ⅱ, 영어 독해와 작문	
	한국사	한국사		
탐구	사회	통합사회		사회문제탐구, 사회과제연구
	과학	통합과학 과학탐구 실험	물리학Ⅰ, 화학Ⅰ	물리학Ⅱ, 화학Ⅱ, 과학과제탐구, 융합과학탐구, 고급물리학, 고급화학, 물리학 실험, 화학 실험
생활 교양	기술·가정		기술·가정, 정보	정보과학, 프로그래밍, 공학일반, 창의경영, 지식재산일반, 인공지능 기초
	교양		환경, 실용경제, 논술	

※ 별색 : 핵심 권장 과목

항공/무인이동체공학 진로 로드맵

➡ 항공 및 무인이동체공학 합격자 선배들의 진로 로드맵과 세특

항공우주산업의 대표기업인 스페이스X는 1단 로켓을 회수하여 100번 재사용하려는 계획을 세우고 있다. 이로써 세계 발사체 시장의 60% 이상을 점유했으며, 재사용 로켓을 통해 로켓 발사 당 들어가는 비용을 지속적으로 낮추는 '규모의 경제'를 달성하고 있다. 또한 축적된 비행 데이터를 이용해 발사의 안전성과 성공률을 최대한 끌어올리고 있다. 2020년 5월 30일 첫 유인우주선 발사에 성공했으며 NASA 우주인 두 명을 팰컨9 상단에 실린 크루 드래건 캡슐에 태우고 국제우주정거장(ISS)을 향해 성공적으로 비행했다.

플라잉카·드론택시라고도 불리는 미래 교통수단인 도심항공교통(UAM, Urban Air Mobility)이 2025년에 시행될 예정이다. 인천국제공항에서 여의도까지(40㎞) 20분, 여의도에서 잠실까지(20㎞) 10분 만에 이동할 수 있다. 2035년에는 300㎞ 내외의 거리인 서울과 대구(237㎞), 서울과 부산(325㎞) 역시 약 1시간 만에 주파할 수 있도록 실증연구 중이다. 이동 비용 역시 2035년에는 ㎞당 500원 정도로 운행될 수 있도록 기술을 개발 중이다. 이를 기준으로 인천국제공항에서 여의도까지 2만원, 여의도와 잠실사이는 1만원 정도가 된다. 드론택시는 기존의 항공기와 달리 활주로 없이도 수직 이착륙이 가능하다는 장점이 있으며, 헬기(110dB)보다 낮은 조용한 주택가의 소음(45dB)정도로 낮추어 도심에서 운행하려고 한다. 따라서 도심 내 빌딩 옥상이나 기존 대중교통 환승센터 등에도 드론택시 정거장을 구축하고, 기존의 버스, 택시, 지하철, 철도 등의 대중교통과 연계하는 광역환승센터를 구축하려고 한다. 특히, 현대자동차그룹은 버티포트를 교통환승센터에 의료·문화시설도 갖춘 복합공간으로 구축하려고 한다.

[항공/무인이동체공학 진로 로드맵]

구분	고등1	고등2	고등3
자율 활동	과학관 견학활동, 동아리 발표활동, 인문학 강의 수강	학급 반장, 동아리 홍보부스 운영	수학/과학 멘토링
동아리 활동	수학·물리탐구동아리		
	웜홈과 블랙홀 탐구, 오일러 공식 정리 발표	통신 속력 높이는 방법 탐구, 자동차 구조 탐구 및 제작	우주여행 모빌리티 탐구

진로 활동	천문대 탐방, 망원경 조립, 흑점 관측 활동, 선배와의 만남(물리천문)	자기소개서 쓰기 활동, 달과 목성 관측, 과학관 멘토링 캠프	항공우주연구원 탐방, 인공위성 통신 탐구
특기 활동		자기장 활용 무선충전 방식 탐구	

[창의적 체험활동]

구분		창의적 체험활동상황
2 학 년	동아리 활동	**조도센서를 이용한 회로 만들기**를 하면서 센서의 원리를 이해하고 센서등을 이해함. 영의 간섭실험을 하고, 무선통신의 간섭환경에서 원활한 통신이 가능한 방법을 이해함. 광전효과를 이용한 멜로디언을 만들며 일정한 주파수 이상의 빛에서만 전자가 튀어나오는 이유에 궁금증을 가지고 광자는 주파수에 비례하는 에너지를 가지고 있음을 이해하게 되었다고 발표함.
	진로 활동	과학관 연구원과의 진로멘토링 캠프에 참여하여 기계항공에 대한 강의를 듣고, 관련 체험과 자료를 탐색하며 모형로켓을 제작하는 활동을 적극적으로 참여함. 항공우주연구원과의 멘토링을 통해 위성 통신속도 개선에 높은 관심을 가지고 질문하면서 **초소형 군집위성기반 IoT통신과 도플러 오차 극복 방안**으로 aloha 기반의 다중접속방식으로 통신속도를 개선할 수 있음을 알게 되었다고 보고서를 제출함.
3 학 년	진로 활동	단순한 기계의 작동 원리에 호기심을 가지고 발명에 흥미를 느껴 **'발명콘서트'**를 읽고, 긴급 구호 차량과 군사용 장비 단원을 참고하여 화성탐사선 아이디어를 구상하여 발표함. 화성에서 드론 탐사가 힘든 이유에 궁금증을 가지고, 가능한 방법을 탐구함.

[교과 세특]

구분		세부내용 및 특기사항
2 학 년	수학 I	스터디 그룹을 형성하여 고난도 문제를 친구들과 함께 토론하면서 다양한 방법으로 해결함. 고난도 문제풀이에만 치중하지 않고, 기본적인 원리를 증명하는 것도 중요함을 알게 됨. 도로위의 바퀴자국을 보고 발생원인을 알아보기 위해 스키드 마크와 교통사고 판례까지 찾아보고 **스키드 마크의 법적 활용사례를 탐구**하면서 수학적으로 마찰계수와 속력을 활용하여 이해할 수 있게 되었다고 소감문을 발표함.

2 학 년	확률과 통계	모르는 개념을 끈질기게 질문하여 이해하는 학생임. **'조건부확률과 실생활 적용'**을 주제로 우주관광의 성공여부를 조건부 확률로 발표함. 협동학습 활동 중 조장으로서 친구들과 다양한 풀이방식을 공유하며 실생활에 적용 가능한 수학적 원리를 탐구함. 구글이나 애플은 규칙기반을 벗어나 통계에 기반한 번역프로그램을 개발하고 있다는 것을 알고, 통계적 추론이 모든 학문영역에 활용이 된다는 것을 알게 되며 머신러닝을 발전시켜 안전한 자율주행 시스템을 만들 수 있음을 알게 되었다고 함.
	물리I	마찰력이 있을 때 물체의 운동, 일, 에너지 관계를 잘 이해하고 이를 급우들이 이해하기 쉽게 그림을 그려 설명함. **태양전지와 LED의 원리를 비교**하여 급우들이 이해하기 쉽게 설명함. 정전기 유도 실험을 검전기를 이용하여 설명하며 금속판과 금속박이 같은 전하를 지닐 수 있는 방법을 쉽게 설명함. 상대성 이론의 폭넓은 이해를 바탕으로 유체역학 부문에서 파스칼의 원리와 베르누이 정리를 통해 비행기의 양력 현상을 잘 이해하고 **유압 브레이크와 소방호스 노즐 등의 원리**가 적용된 예시를 발표함.
3 학 년	물리II	과학적 배경지식이 뛰어나며 과학의 이해도가 높음. **'체렌코프 복사'**, **'중력파'**를 주제로 발표하며 급우들에게 쉽게 설명함. 우주와 관련된 심층적인 내용을 이해하고자 스터디를 구성하여 **'다가오는 우주의 이해'** 강좌를 듣고 토론하면서 웜홀을 활용한 시간여행의 가능성을 탐구함.

🔜 항공 및 무인이동체공학계열 추천도서와 탐구 주제 찾기

[항공우주공학 추천도서]

[항공우주공학 탐구 주제 찾기]

과목	단원	탐구 주제
통합 사회	환경 문제 해결을 위한 다양한 노력	우주쓰레기 해결방안 탐구
	산업화와 도시에 따른 우리 생활의 변화	도시화로 인한 5G통신 연결성 증대방안 탐구
	교통, 통신의 발달과 정보화	저궤도 위성통신 극대화 방안 탐구 태양풍 통신장애 극복 방안 탐구
	자원과 지속가능한 발전	달 광물 활용방안 탐구
과학	원소들의 화학결합과 물질의 생성	1단 로켓 회수 방안 탐구
	신소재의 개발과 이용	1단 로켓 100회 재사용 신소재 탐구 대륙 간 로켓 여행용 신소재 탐구
	생명시스템에서의 화학변화	우주 생명현상 탐구
	전기에너지의 생산과 수송	우주 태양광 발전 생산에너지 지구 이송 방안 탐구
	에너지의 전환과 효율적 이용	우주여행을 위한 이온 추진 로켓 탐구
수학	다항식(다항식의 연산)	중력과 구심력을 활용하여 위성이 떨어지지 않는 이유 탐구
	방정식과 부등식(이차방정식과 이차함수)	이차곡선을 활용한 망원경의 반사경, 안테나 연구 및 초점의 위치에 대한 탐구
	방정식과 부등식(이차방정식과 이차함수)	미사일이나 총알 탄도의 발사 각도에 따른 궤적과 속도 탐구

수학	도형의 방정식(원의 방정식)	원의 방정식을 활용하여 태풍의 경로를 예측하고 두 태풍이 겹치는 경우 후지와라 효과 탐구

➡ 핵심 키워드로 알아보는 항공 및 무인이동체공학

항공, 추진체, 유체역학, 초음속, 설계, 미사일, 드론, 인공위성, 발사체, 케로신, 스크램제트, 램제트, 전산유체역학, 한국형발사체, 전기추진기, 도심항공교통, 무인항공기

ⓐ DBpia에서 가장 많이 검색된 논문

　　㉠ 우주 폐기물(쓰레기) 제거 방식에 대한 고찰, 한국항공우주연구원

　　㉡ 항공기 전기추진시스템 기술 동향, 한국항공우주연구원

　　㉢ 국내 항공우주산업의 현황과 전망, 한국항공우주연구원

　　㉣ 코로나 팬데믹과 항공산업의 변화, 한국항공우주연구원

　　㉤ UAM 교통관리 연구 동향 분석:NASA의 연구 사례를 중심으로, 한국
　　　항공우주연구원

ⓑ 시사를 활용한 탐구활동

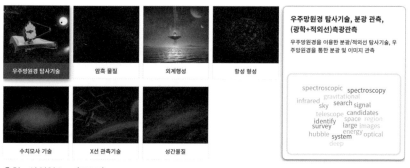

출처 : 사이언스on(KISTI)

논문	차세대 우주망원경 : 적외선 우주망원경의 제작과 활용 (2005)
	한국형 우주망원경 개발을 위한 공동기획 Working Group 제안 (2021)
	거대 마젤란 망원경의 논문 생산성 예측 (2008)

특허	매달린 미러를 갖는 액티브 우주 망원경 (2014)
	우주선에서 사용하기 위한 망원경 및 망원경 어레이 (2016)
	모의 관측용 망원경 (2004)

보고서	우주 적외선 관측을 위한 알루미늄 비축 반사망원경의 시험모델 개발 (2017)
	적외선 우주망원경 국제협력을 위한 선행연구 (2015)
	대규모 저온 중력파 망원경 (2013)

동향	은하의 진화는 어떻게 진행될까 – 1편 (2022)
	제임스 웹, 최초로 외계 행성 관측 사진을 공개하다 (2022)
	제임스 웹, 뜨거운 가스 행성의 대기에서 이산화탄소를 발견하다 (2022)

출처 : 사이언스on(KISTI)

➡ 항공 및 무인이동체공학에서 수강하는 대표 과목

[우주항공공학과 대학에서 이수하는 교과]

교양필수	일반물리학, 물리학 및 실험, 일반화학, 화학 및 실험, 미적분학, 항공우주학개론
전공필수 및 전공선택	공학설계입문, 열역학, 재료역학, 수치해석, Matlab기반 수치해석, 전기전자공학, 동역학, 유체역학, 계측공학, 공기역학실험, 열공학실험. 공기역학, 구조역학 및 실험, 비행동역학 및 성능, 신호 및 시스템, 임베디드 시스템 설계, 항공우주형상설계, 기계제작법, 기구학, 자동제어, 항공역학, 항공우주구조역학, 항공우주기계 현장실습, CAD/CAM, 기계진동, 가스터빈기관, 압축성 유동, 항공기제어, 전산유체역학, 항공기성능, 로켓추진공학, 우주비행역학, 항공우주구조설계, 인공위성시스템, 프로젝트 및 세미나 등

[우주항공공학과 진학에 도움이 되는 교과]

교과영역	교과(군)	공통과목	선택 과목	
			일반선택	진로선택
기초	국어	국어	화법과 작문, 독서, 문학, 언어와 매체	
	수학	수학	수학I, 수학II, 미적분, 확률과 통계	실용수학, 기하, 수학과제 탐구, 인공지능 수학
	영어	영어	영어회화, 영어I, 영어II, 영어 독해와 작문	
	한국사	한국사		
탐구	사회	통합사회		사회문제탐구, 사회과제연구
	과학	통합과학 과학탐구 실험	물리학I, 화학I	물리학II, 화학II, 과학과제탐구, 융합과학탐구, 고급물리학, 고급화학, 물리학 실험, 화학 실험
생활 교양	기술·가정		기술·가정, 정보	정보과학, 프로그래밍, 공학일반, 창의경영, 지식재산일반, 인공지능 기초
	교양		환경, 실용경제, 논술	

※ 별색 : 핵심 권장 과목

AI컴퓨터계열 &
전기전자반도체계열
진로 로드맵

어떤 성향이
이 계열에 잘 맞을까?

이 계열의 학생들은 이론적인 내용을 다 숙지하고 탐구하는 학생보다 일단 자신이 만들어보고 싶은 것을 만들어보면서 안 되는 부분만 찾아보며 문제를 해결하는 경우가 많다. 또한 학교에서 수학 및 과학탐구대회(과제탐구활동)에 적극적으로 참여하여 탐구하는 모습을 보여준다. 자신이 이과라고 생각은 하지만 인공지능, 컴퓨터, 소프트웨어, 전자, 반도체 등 폭넓게 탐구하여 구체적으로 무엇을 하고 싶은지 물어보면 제대로 답을 못하는 친구들이 많다. 이런 경우는 탐구 범위가 넓어 그런 경우가 많다. 가장 먼저 깊이 탐구하고 싶은 분야 하나를 선택하여 집중하다 보면 구체적으로 무엇을 하고 싶은지 알 수 있을 것이다. 그리고 하나의 학과보다는 여러 학과가 연계된 주제들이 많다는 것도 알 수 있을 것이다. 실험 및 탐구활동을 하고 난 후 실패한 이유를 조사하여 추가로 주제를 탐구한다면 좋을 것이다.

[기계로봇계열 진로 로드맵]

구분	중등	고등1	고등2	고등3
자율활동		학급 자율 탐구활동		
		선후배 연합탐구활동		
동아리 활동	과학상자 및 로봇동아리 활동	인공지능동아리		
	수학주제 탐구활동	과학시사토론동아리		

	기계/로봇과학대회 참가	인공지능 연구실 탐방, 코딩전문가와의 만남	진로심화탐구
진로활동	코딩교육 및 스터디활동	서울대 이공계 캠프, 카이스트 사이버영재교육원	
특기활동	정보영재교육원 이수	오픈소스를 활용한 탐구활동, 오픈데이터를 활용한 데이터사이언스 탐구	

※ K-Girls Day를 통해 기업·연구소·대학 체험활동 프로그램 활용 가능

고등학교를 입학하기 전 자신의 진로를 파악하는 것이 중요하다. 그래야 영재고, 과학고, 과학중점학교 등 어떤 고등학교가 잘 맞을지 알 수 있다. 특히, 영재고, 과학고를 희망하는 경우 중1 때 진로가 결정되면 회로설계, 아두이노, 오픈소스를 활용한 탐구 활동을 해보면서 지원한 학교가 자신에게 적합한지 파악하는 것이 중요하다. 과학적 탐구는 좋아하면서 의대 및 약대를 희망하는 경우 일반고 과학중점학교를 희망할 수 있다. 따라서 학생의 성향에 맞는 학교 선택이 더욱 중요한 시기이다.

2025년 고교학점제가 시행되면 일반선택 및 진로선택과목은 A, B, C 성취도로 성적을 기입하기에 성적으로 학생을 평가하는데 한계가 있다. 따라서 인공지능 진로가 정해지면 인공지능 기초, 인공지능 수학, 정보과학, 프로그래밍 과목을 선택하여 관련된 이론적 지식뿐만 아니라 제작 및 탐구활동을 할 수 있다. 전기전자 진로가 정해지면 미적분, 기하, 물리학II, 물리학 실험 과목을 선택하여 기본지식을 쌓고 추가로 탐구하고 싶은 분야에 따라 진로선택과목을 추가로 이수하여 깊이 있는 탐구활동을 하는 것을 추천한다. 구체적인 활동계획을 세우기 위해 진로 로드맵을 작성하면 필요한 활동에 중점을 둘 수 있다. 특히, 시험기간 1달 동안은 성적을 챙기고, 동아리활동은 실험보다는 진로독서 및 주제발표활동을 위주로 1주에 1명씩 돌아가면서 한다면, 비교과활동을 하는데 시간도 빼

앗기지 않으면서 성적과 활동 두 마리 토끼를 잡을 수 있을 것이다. 그리고 시험 이후나 방학을 이용하여 탐구활동을 하면 장기적인 실험을 진행할 수 있어 더욱 좋을 것이다.

진로 로드맵을 활용하여 자율활동, 동아리활동, 진로활동, 특기활동(개인별 세특, 독서 등)에 구체적으로 어떤 활동을 할 것인지 내용을 기록한다면 시간을 효율적으로 활용할 수 있으며, 진로에 맞는 일관된 활동을 할 수 있다. 그러면 비교과에 집중하다 교과성적이 떨어지는 실수를 하지 않을 것이다. 또한 모든 과목 선택을 진로와 연계하여 활동하지 않을 것이다. 융합인재를 선호하기 때문에 다양한 분야에 관심을 가지고 탐구하면서 과학과 수학, 정보, 기술과목에서 자신의 진로 분야 스토리를 담으면 좋을 것이다.

선배들의
진로 로드맵 엿보기

인공지능 및 컴퓨터공학 진로 로드맵

➡️ 인공지능 및 컴퓨터공학 합격자 선배들의 진로 로드맵과 세특

공학계열 중 인공지능은 거의 모든 분야에 접목되어 기존 성능을 극대화하고 편리하게 사용할 수 있도록 발전하고 있다. 4차 산업혁명으로 인해 인공지능은 로봇에서부터 미디어에 이르기까지 폭넓게 활용되고 있다. 인공지능의 목표는 '사람처럼 생각하고 행동하는 기계/컴퓨터'를 만드는 것이다. 인공지능을 구현하고자 할 때 규칙에서 시작해서 다양한 분야로 응용하는 top-down 방식과, 데이터를 수집하여 응용문제를 해결하고 나아가 규칙을 발견하는 bottom-up 방식을 활용한다. 최근 주목을 받고있는 머신러닝(machine learning)은 bottom-up의 대표적인 방식이고, 딥러닝(deep learning)은 머신러닝의 최신 기술이다.

딥러닝은 지도학습과 비지도학습을 통해 정보를 습득할 때 주변에서 구할 수 있는 데이터를 알고리즘의 입력값으로 사용하여 자동으로 구축하는 종단학습(end-to-end learning)이다. 딥러닝 기술이 발전함에 따라 종단학습으로 해법을 얻을 수 있는 문제의 종류와 복잡도가 매우 증가하였다. 예를 들면, 자율주행 자동차에 들어가는 카메라와 라이다 정보를 기반으로 실시간 자율주행이 가능하도록 도와준다.

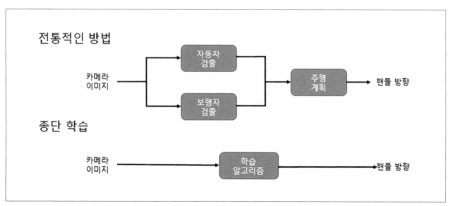

출처 : 딥러닝: 인공지능을 이끄는 첨단 기술(서울대 컴퓨터공학부 바이오지능연구실)

문제의 종류	입력	출력	설명
사진 태그 자동생성	사진	사진설명 태그집합	사진에 포함되어 있는 물체와 환경 등을 표현하는 단어의 집합을 생성
사진 설명 자동생성	사진	사진설명 문장	사진을 설명하는 자연스러운 문장을 생성
동영상 자동설명	동영상	동영상 설명 문장	동영상을 설명하는 자연스러운 문장을 생성
음성 글자인식	음성	스크립트	음성 인식, 특히 하나의 딥러닝 모델로 영어와 중국어를 동시에 인식
자동번역	언어, 문서	언어, 문서	영어–프랑스어 등과 같이 두 언어 간의 번역을 위한 딥러닝 모델
사진/그림 자동생성	표지, 태그	사진, 그림	학습한 물체의 종류 중 하나를 지정하면, 학습 과정에서 본 적은 없지만 같은 표지를 달 수 있는 자연스러운 사진/그림을 생성

출처 : 딥러닝: 인공지능을 이끄는 첨단 기술(서울대 컴퓨터공학부 바이오지능연구실)

    생물 신경세포를 모사하여 구성한 인공 신경세포(퍼셉트론)에 대한 연구가 시작되었으며, 이러한 신경세포로 구성된 신경망을 인공적으로 구현한 인공신경망은 1980년대 중반부터 본격적으로 인공지능으로 구현되었다. 뇌의 시각기능에 관한 1960~70년대의 뇌과학 연구는 1980년대의 컨볼루션망(CNN)의 발명과 2010년대 중반의 '주의 집중(attention)' 기반 딥러닝 기법 개발의 토대로 이어졌다. 깊은 인공신경망을 구성하는 기본적인 방법은 크게 세 가지가 있다. 가장 기본적인 구성은 퍼셉트론으로, 인공 신경세포의 다층 구조를 입력과 출력 사이에 두는 다층 퍼셉트론(multilayer perceptron, MLP)은 이웃하는 층간 신경세포가 서로 연결되어 가중치를 조정하여 지능을 갖추게 된다. 사진과 같이 공간적인 구성을 가진 정보를 처리할 때 적합한 컨볼루션망(convolutional neural network, CNN)은 이웃한 공간상에서 나타나는 패턴을 학습하여 복잡한 문제일수록 다층 구조를 깊게 구성하고 대규모의 데이터를 통해 학습한다. 시간에 따라 변하거나 순서가 중요한 데이터에서의 학습을 위한 순환신경망(recurrent neural network, RNN)은 글자 또는 단어를 시간 또는 단계에 따른 순서대로 출력하는 방식으로 문장을 생성한다. 언어지능 구현의 핵심 연구분야인 자연언어처리(natural language processing, NLP) 분야에서는 딥러닝을 도입하여 글의 종류 구분, 글에 나타난 감성 분석, 글이 다루는 주제 등 다양한 인공지능 프로그램이 개발되고 있다.

출처 : Smart Machine의 시대(YTN, 2015)

[인공지능 및 컴퓨터공학 진로 로드맵]

구분	고등1	고등2	고등3
자율 활동	컴퓨터 관리부장, 또래 학습 도우미 멘토	학급 반장, 과학관 탐방	학급 반장, 창의주제활동으로 인공지능 시스템 탐구
동아리 활동	컴퓨터동아리		
	멀티바이브레이터 제작, 아두이노 자율주행차 제작	로봇팔 3D프린터로 제작, 파이썬을 학습하여 로봇팔 조절 탐구	로지스틱 회귀분석을 활용한 인공지능 성능 향상 탐구
진로 활동	대학 학과탐방, 3D프린팅 및 모델링	임베디드 시스템 탐구, 빅데이터와 인공지능 강연	인공지능 성능 극대화 방향으로 경사하강법 탐구
특기 활동	전자 제어와 IoT 확장성 탐구		효율적인 배달음식 주문 웹 개발

[창의적 체험활동]

구분		창의적 체험활동상황
3학년	진로 활동	진로설계활동으로 머신러닝과 딥러닝을 조사하면서 인공지능의 지도학습과 비지도 학습의 장단점을 분석함. 인공지능 성능 극대화를 위한 경사하강법을 이용하여 최적값을 찾음. 시그모이드 함수를 기반으로 오차를 줄일 수 있는 방법에 관심을 가지고 편미분 방정식을 추가로 학습하면서 그 원리를 이해하는 모습을 보임.

[교과 세특]

구분		세부내용 및 특기사항
1학년	기술·가정	로봇의 군집비행에 관심을 가지고, 선도 추종 제어 기법을 구체적으로 그림자료와 함께 설명하여 이해를 도움. 또한 **선도 추종 제어 기법의 한계점을 분석**하여 이를 보완할 수 있는 방법으로 A스타 알고리즘에 관심을 가지고 추가로 탐구하여 보고서를 제출함. **'미적분으로 바라본 하루'**를 읽고, 최적 경로를 구하는 과정으로 A스타 알고리즘을 이용해 게임 내에서 마우스 클릭 시 유닛이 최소거리로 움직일 수 있다는 것을 알게 됨.

2 학 년	정보	파이썬을 학습하며 거북이 그리기 활동으로 다각형, 원 등 다양한 도형들을 만들고, 회전각 변화와 랜덤 함수를 이용해 다양한 물체를 창의적으로 표현함. 발표 수행평가로 **성적계산기를 만들어 다중 조건문을 이용하여 교과 점수를 입력하여 학교별 성적을 계산할 수 있는 프로그램을 소개**하고, 만드는 방법을 알려줌. 조건부 서식으로 리브레오피스(LibreOffice) 프로그램을 활용해 Select절, From절, Where절을 이용해 진로에 맞는 책을 추천해주는 데이터베이스를 제작하여 발표함.
	수학II	컴퓨터공학에 관심을 가지고 이산수학과 알고리즘을 접한 후 교통체제를 이용한 두 도시 사이의 최단 경로를 찾는 **'최적화 경로 탐구'** 보고서를 작성하여 발표함. 이후 게임에서도 알고리즘이 사용된다는 내용을 예시를 들어 소개하는 등 수학의 필요성을 강조함.
3 학 년	기하	**'택시 기하학'**을 읽고, 병원, 약국, 경찰서, 소방서 등의 위치 및 대중교통 경로를 결정하는데 사용된다는 것을 알고, **최단 경로를 찾는 다익스트라 알고리즘을 탐구**함. 간선의 가중치가 음수일 때 불가능해진다는 한계를 설명하며, 벨만 포드·플로이드 알고리즘을 조사하여 탐구보고서를 작성함. 입체도형의 이해가 어려운 급우들을 위해 지오지브라 프로그램을 사용해 정사영을 하면 어떻게 달라지는지 소개하여 이해도를 높여주는데 기여함.
	체육 탐구	**EPL 축구팀 성적의 상관관계를 조사**하면서 볼 점유율과 지역압박이 성적과 비례함을 확인하고 이를 데이터로 분석하는 열정을 보임. 웨어러블 기기를 통해 선수의 슈팅, 클리어링, 이동경로, 속도, 무게중심, 패스횟수, 패스성공율 등을 시각화한 그래프를 바탕으로 성적에 미치는 영향을 분석하여 성적과 비교 분석하는 자료를 제공하는 열정을 보임. 조사 결과를 바탕으로 친구들에게 2:1 패스와 압박 수비 강화의 필요성을 알려주고 이를 연습하여 학교 축구대항전에서 우수한 결과를 얻는데 기여함.
	개인별 세특	꿈틀 프로젝트로 'just do IT' 팀을 구성하여 **효율적인 배달음식 주문을 위한 웹 개발**을 주제로 탐구함. '스윙투앱'을 통해 웹을 디자인하고 HTML로 직관적으로 구매할 수 있도록 웹 페이지 기능을 추가하여 제작함.

➜ 인공지능 및 컴퓨터공학계열 추천도서와 탐구 주제 찾기

[인공지능 및 컴퓨터공학 추천도서]

[인공지능 및 컴퓨터공학 탐구 주제 찾기]

과목	단원	탐구 주제
통합 사회	교통, 통신의 발달과 정보화	스마트 도시 설계를 위한 인공지능 활용 탐구
	지역의 공간 변화	서울시 디지털 공간정보를 활용한 리빙랩 탐구
	다양한 정의관의 특징과 적용	로봇과 인공지능 개발자 윤리의식 정의
	세계의 자원과 지속가능한 발전	핵분열 발전의 위험성 분석과 그 대안 탐구

과학	생명체 구성물질의 결합 규칙성	인공지능을 활용한 단백질의 입체구조 탐구
	에너지의 전환과 효율적 이용	에너지 회생 시스템 향상 방안 탐구 가상 발전소를 활용한 에너지 효율 향상 방안 탐구
	전기에너지의 생산과 수송	데이터 센터 운용에 필요한 에너지 절약 방안 탐구
	발전과 지구환경 및 에너지 문제	스마트 그리드 에너지 시스템 탐구
수학	방정식과 부등식(복소수)	실생활 속 문제를 분석하고 주어진 데이터를 활용하여 미래를 예측하는 프로그램 구성
	방정식과 부등식(복소수)	블록체인을 활용하여 해시 함수 탐구
	방정식과 부등식(복소수)	수체계 확장을 통한 수의 분류와 수체계와 프로그램 언어 변환 탐구
수학	집합과 명제(집합의 뜻과 포함관계)	무한집합을 빅데이터로 활용한 힐베르트 호텔 탐구
	집합과 명제(명제의 증명)	귀류법을 활용한 인공지능 학습 적용 사례 탐구
	함수(여러가지 함수)	일대일 함수를 활용한 휴대폰 숫자 자판과 한글, 영문자판 효율적인 배치 탐구
	경우의 수(순열과 조합)	암호화된 비밀번호 순열과 조합을 활용하여 만드는 활동과 서로 풀어보는 활동 탐구

➜ 핵심 키워드로 알아보는 인공지능 및 컴퓨터공학

소프트웨어, 프로그래밍, 컴퓨터네트워크, 첨단, 알고리즘, 통신, 제어, 설계, 데이터, 애플리케이션, 모바일, 신호, 시스템, 언어, 동작, 미래산업, 계산, 전송, 창의력, 변화

ⓐ DBpia에서 가장 많이 검색된 논문
  ㉠ 인공지능에서 인공 감정으로:감정을 가진 기계는 실현가능한가?, 한국철학회
  ㉡ 4차 산업혁명, 인공지능 시대의 교육, 지속가능과학회
  ㉢ 인공지능시대, 보건의료 미래 전망, 대한의사협회 의료정책연구소
  ㉣ 로봇과 인공지능의 현황 및 전망, 한국교육방송공사

ⓜ 인공지능 시대의 법적·윤리적 쟁점, 과학기술정책연구원

ⓑ 시사를 활용한 탐구활동

출처 : 사이언스on(KISTI)

출처 : 사이언스on(KISTI)

➡ 인공지능 및 컴퓨터공학에서 수강하는 대표 과목

[인공지능 및 컴퓨터공학과 대학에서 이수하는 교과]

교양필수	확률 및 통계, 선형대수, 알고리즘 분석, 전자회로이론, 논리회로, AI프로그래밍
전공필수 및 전공선택	인공지능론, 기계학습론, 패턴인식이론, 심층신경망, 진화알고리즘, 데이터베이스 이론 및 활용, 강화학습, 로봇지능개론, 고급AI로봇컴퓨팅, 디지털 집적회로 설계론, 임베디드시스템론, 고급컴퓨터구조, NPU설계방법론, 빅데이터분석, 바이오 인공지능, 게임AI, 프로젝트 및 세미나 등

[인공지능 및 컴퓨터공학과 진학에 도움이 되는 교과]

교과영역	교과(군)	공통과목	선택 과목	
			일반선택	진로선택
기초	국어	국어	화법과 작문, 독서, 문학, 언어와 매체	
	수학	수학	수학I, 수학II, 미적분, 확률과 통계	실용수학, 기하, 수학과제 탐구, 인공지능 수학
	영어	영어	영어회화, 영어I, 영어II, 영어 독해와 작문	
	한국사	한국사		
탐구	사회	통합사회		사회문제탐구, 사회과제연구
	과학	통합과학 과학탐구 실험	물리학I, 화학I	물리학II, 화학II, 과학과제탐구, 융합과학탐구, 고급물리학, 고급화학, 물리학 실험, 화학 실험
생활 교양	기술·가정		기술·가정, 정보	정보과학, 프로그래밍, 공학일반, 창의경영, 지식재산일반, 인공지능 기초
	교양		환경, 실용경제, 논술	

※ 별색 : 핵심 권장 과목

➜ 전기공학 합격자 선배들의 진로 로드맵과 세특

4차 산업혁명 시대 초연결 사회에서의 전력산업을 살펴보면, 실제로 GIS, 스마트미터, 자동화된 배전망 등의 요소들을 통해 대용량 데이터가 형성되고 있고 이렇게 축적된 빅데이터를 분석함으로써 고객의 행동 양식을 보다 정확히 파악하여 스마트 그리드 시스템을 적용하려고 한다. 신재생에너지를 발전시킨 에너지를 블록체인과 같은 신개념 거래방식과 함께 분산형 거래가 되도록 하여 전력거래 중개자의 역할이 축소됨과 동시에 에너지 프로슈머의 역할은 보다 확대하여 P2P 전력거래시장 형성을 촉진할 것이다.

보다 신속하고 정교한 부하패턴의 분류 및 부하예측으로 이어져 전력수요관리의 정확성과 효율성을 높이기 위해 빅데이터가 활용되고 있다.

활용분야	활용방식
에너지망 최적관리	발전 효율성 제고, 비용 감축 자원분배 최적화, 자원 활용률 증대 전력망 건전 및 안전성 개선 예측 정확도 향상
마이크로그리드, 신재생에너지 발전원의 효율적 관리	망 운영과정 단순화와 발전설비의 효과적 관리 및 정확한 발전량 예측
효율적 에너지 수요관리	실시간 가격 차별화 전략 및 제도 설계, 새로운 비즈니스 모델 개발, 전력수요관리 강화, 효율적 에너지시스템 설계 및 목표 설정에 활용하여 에너지 효율 개선 기여

출처 : 소진영 외(2017), p.13; 이성인 김지효(2016), 재인용

정부는 2018년 12월에 전기사업법 및 시행령 개정을 완료하고 소규모 전력 중개사업(1MW 이하) 제도를 도입하였으며, 2019년 2월부터 본격적으로 운영 중이다. 전력중개사업을 위해 블록체인 기반 가상발전소(VPP ; Virtual Power Plant)

가 필요한데, 이는 가정용 태양광처럼 여러 군데 분산된 전원을 클라우드 기반의 소프트웨어를 이용하여 하나의 발전소처럼 관리하는 시스템이다. 미국의 한 경제지는 전 세계 가상발전소 시장 규모가 연평균 27%씩 성장해, 2027년에는 28억 5,000만 달러가 될 것으로 내다보고 있다. 이는 우리나라 돈으로 약 3조 2,100억 원의 규모이다. 우리 정부는 탄소 중립을 달성하기 위해 분산 자원의 보급 확대를 추진하고 있다. 이는 소규모 분산자원을 효율적으로 운영 및 관리할 수 있어 중요해지고 있다.

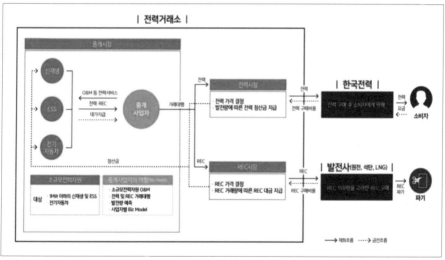

출처 : 소규모 전력중개사업 개요(산업통상자원부)

에너지 기업들은 디지털화를 통해 가치사슬 전 분야에서 효율 향상, 비용 절감을 도모하고 있다. 먼저, 발전 부문의 경우 발전소 정비를 최적화하고, 예비 파트와 연료 관리를 통해 발전시설을 현대화하고, 그리드(grid)의 자동화를 구축한다. 송전 부문의 경우 디지털화가 진보된 단계에 이르렀고, 향후 최적화된 송전 시스템 운영을 위해 고급 알고리즘을 활용하는 단계까지 기대할 수 있다. 배전 부문의 경우 에너지 손실의 최소화, 예방적 유지보수, 디지털 현장 작업자 투입으로 인한 노동생산성 증가 등을 통해 그리드의 안정성과 최적화를 위한 완전 자동화를 목표로 하고 있다. 유틸리티 부문의 경우 파일럿 프로젝트들이 운영되고 있으며, 에너지 수요 반응에 대한 즉각적인 실행을 목표로 디지털화가 진행되고 있다. 마지막으로, 에너지 소비 부문에서는 유틸리티와 마찬가지로 여러 파일럿 프로젝트들이 진행되고 있으며 향후에는 지붕형 태양광 등을 통해 에너지 소비자가 에너지를 직접 생산하여 소비하고, 남는 전력은 판매도 하는 프로슈머 활동이 촉진될 것이다. 이를 실현하기 위한 방법으로 가상발전소와 SolarCloud가 있다. SolarCloud는 배터리가 없는 태양광 저장 솔루션으로, 소비자는 별도의 저장장치를 설치하지 않고 자가 발전된 잉여전력을 가상계정을 통해 계통에 송전하고 필요시 어느 장소에서든 가상계정으로 저장된 전력을 사용할 수 있다.

구분	발전 부문	거래 부문	송배전 부문	소매 부문	소비 부문
빅데이터, IoT, 클라우드, AI	예방적 유지보수	거래 최적화	그리드 자동화	요금 최적화	능동적인 에너지 관리
	에너지 저장			스마트 미터& 데이터 관리	스마트 수요 반응
연결성과 통합성	재생에너지 통합		그리드 최적화		
	가상발전소				
사이버 보안	에너지 사이버 보안				
신규 비즈니스 모델	분산 전원	거래 자동화	마이크로그리드	실시간 요금제	연결된 가정 & 일터
	P2P 모델			전력 이동성	
소비자 참여				C&I 에너지 소비	스마트홈 HEMS

출처 : 에너지산업의 디지털 생태계(삼정KPMG 경제연구원)

[전기공학 진로 로드맵]

구분	고등1	고등2	고등3
자율 활동	MBL을 활용한 물리실험, 태양전지, 수소연료전지 탐구	체육복 재질 탐구, 두레반 활동(과학탐구)	과학멘토링, 전기모터와 발전기 탐구
동아리 활동	과학실험동아리		
	과학시사 토론활동, 수학/과학 멘토링	다빈치다리와 현수교 수학탐구, 과학 봉사활동	남조류를 활용한 미생물연료전지 탐구, 인공광합성 촉매 기술 탐구
진로 활동	창의과학캠프로 역학적에너지 보존의 법칙 MBL로 검증	아두이노 강연 후 제작, 홍채인식 탐구	물의 전기분해 효율을 높인 촉매 탐구, 휘고 접어도 잘 작동하는 연성기판 전기재료 탐구
특기 활동		아두이노로 pH농도 측정 센서 제작 후 비교 탐구	

[창의적 체험활동]

구분		창의적 체험활동상황
2 학 년	동아리 활동	미세먼지가 갈수록 심해진다는 기사를 보고, 미세먼지를 줄이는 방법에 관심을 가지고 탐구함. **광촉매 페인트와 인공강우를 활용한 방법**을 제안함. 식물을 활용한 미세먼지 저감효과를 탐구하자는 친구의 의견을 발전시켜 미세먼지 정화식물인 스파티필름, 스투키 등을 활용하여 미세먼지 저감효과를 탐구함. 아두이노 미세먼지 측정키트를 활용하여 미세먼지 변화가 생장에 미치는 영향을 알아보기 위해 6개월 장기프로젝트를 진행해 관찰하여 **미세먼지에 따른 식물의 생장 정도를 비교** 분석하여 보고서를 작성함.
3 학 년	진로 활동	진로 발표활동에서 휘어지는 전자기기가 다양한 자극으로 인해 균열이 발생하여 불량 가능성이 크다는 기사를 읽고, **플렉시블 전기재료를 탐구**하여 발표함. 형상기억합금의 원리처럼 빛을 이용한 자기회복 전기회로 기술을 적용하여 휘고, 접거나 비틀어도 잘 작동되는 연성기판을 사용하여 회로가 작동할 수 있는 소재를 소개함. 전기회로를 보다 경제적이고 효율적으로 수리할 수 있는 전기재료에 관심을 가지고 이를 개발하고 싶다고 포부를 밝힘.

구분		세부내용 및 특기사항
2학년	수학II	미분을 활용한 볼츠만 방정식을 통해서 **시간에 따른 입자분포의 변화는 입자 충돌에 의한 효과와 비례**한다는 결론을 도출함. 또한 볼츠만 방정식이 기체의 수송현상과 금속 반도체의 전기전도도, 열전도도 등에도 활용됨을 발표함. 교과서의 내용 중 가속도가 0일 때 왜 정지하는 것이 아닌지에 대한 이유를 멘티와 함께 깊이 있게 고민하고 친구들과 토론하여 속도가 0일 때 정지한다는 답을 도출함. 다양한 방식으로 수학에 접근하여 개념을 학습해나가는 방법을 터득해 나가고 꾸준히 자신의 진로와 관련지어 노력하는 모습을 보여줌.
	영어II	사물인터넷 지문을 분석하면서 사물인터넷이 와이파이 핫스팟과 센서를 이용해 공기의 질을 모니터링하는 스마트 램프 등의 센서를 조작하여 생활을 더욱 편리하게 한다는 것을 알게 되고, 근거리 무선통신인 NFC를 예를 들어 발표함. 휴대폰의 NFC기능을 이용하면 결제분만 아니라 데이터 전송, 출입통제 등 여러 방면에 활용될 수 있음을 소개함.
	물리학I	물체가 자기적 성질을 띠는 원리와 강자성체, 상자성체, 반자성체의 기능과 초전도체의 활용에 대해 조사하여 발표함. 특히, 초전도체 기술을 적용하여 고효율, 저비용으로 전도냉각형 초전도 자석 시스템을 개발할 수 있음을 발표함. 이후 초전도체에 관심을 가지고 **'꿈의 물질, 초전도'** 책을 추가로 읽고 독후감을 제출함.
3학년	물리학II	**'정전기 유도현상과 유전분극의 이용'** 강의를 듣고 정전기 유도현상을 활용한 사례로 마스크, 복사기, 정전기 방지패트 등이 있다는 것을 알고 호기심을 가짐. 무선충전 원리에 대해 관심을 가지고 **'시크릿 스페이스'** 책을 읽고 자기 선속의 변화가 기전력을 발생시킨다는 원리를 이용하여 무선충전이 된다는 것을 이해하며, 이 또한 전자기유도원리를 이용한 것임을 강조함. 더 나아가 염료감응 전지에 '리튬 2차전지'를 결합하면 더 많은 전기를 저장할 수 있음을 소개함.
	과학융합	인공광합성시스템을 활용한 에너지 전환효율이 1% 수준임을 확인하고 이 효율을 높일 수 있는 방법에 관심을 가지고 탐구함. '이리듐-코발트 촉매'를 활용한 값싼 실리콘 태양전지의 효율을 높여 생활 속 적용이 보다 쉽다는 것을 확인함. 열전소자의 가격이 비싸고 광범위하게 적용하기 힘들다는 단점을 알고 신재생에너지에서 생산된 전기의 효율을 높일 수 방안인 에너지 변환기술에 관심을 가짐. 열전소자를 나노구조체로 변환하는 것으로 에너지 효율을 높일 수 있다는 것을 알고 소자의 중요성을 알게 된 후 전기재료에 높은 관심을 가짐.

➜ 전기공학계열 추천도서와 탐구 주제 찾기

[전기공학 추천도서]

[전기공학 탐구 주제 찾기]

과목	단원	탐구 주제
통합 사회	교통, 통신의 발달과 정보화	무선 전력 전송 기술 탐구
	자원과 지속가능한 발전	열전소자를 활용한 탐구

과학	신소재의 개발과 이용	리튬이온 가격 상승에 따른 신에너지 탐구 리튬전지보다 효율이 높은 에너지 소자 탐구
	에너지의 전환과 효율적 이용	태양광 발전으로 생산되는 전기 직류로 변환 효율 높이는 방안 탐구
	전기에너지의 생산 수송	연료전지 효율이 높은 이유 탐구
	태양에너지 생성과 전환	비 오는 날도 전기가 생산되는 태양전지판 탐구
	발전과 지구환경 및 에너지 문제	친환경적인 핵융합 발전 탐구
수학	방정식과 부등식(복소수)	복소수와 파동과의 관계 탐구, 전자기학에서 활용되는 파동의 위상 계산
	방정식과 부등식(복소수)	복소수 범위의 임피던스 개념 계산 후 복소수 계산의 장점 탐구
	함수(여러가지 함수)	그래프 이론을 활용한 전자 통신 그래프 탐구

➡ 핵심 키워드로 알아보는 전기공학

전기, 회로, 전력, 그리드, 디지털, 코일, 소자, 신호, 계측기, 공진, 자성체, 전자회로, 라플라스, 해석법, 시스템, 에너지원, 스마트, 제어, 방정식, 증폭기, 알고리즘, 컴퓨터

ⓐ DBpia에서 가장 많이 검색된 논문

ㄱ 그래핀 신소재를 이용한 LED 방열 기술, 한국조명전기설비학회

ㄴ 신재생에너지원인 수소연료전지의 원리와 응용, 대한전기학회

ㄷ 도시 광산업(Urban Mining)의 현황과 과제, 경기연구원

ㄹ 무인 자율주행을 위한 전기자동차 플랫폼 및 경로계획 알고리즘 개발, 한국자동차공학회

ㅁ 꿈의 나노소재 : 그래핀(Graphene)의 제조와 응용, 대한전기학회

ⓑ 시사를 활용한 탐구활동

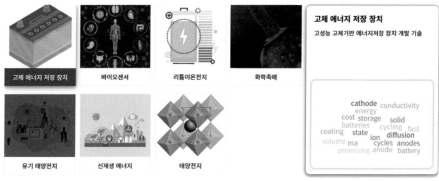

출처 : 사이언스on(KISTI)

논문	전고체 전지용 양극재 합성 및 성능 향상 연구 (2021)
	전고체전지용 고-니켈 단일 입자 양극소재 (2021)
	리튬이온 전고체전지용 고체 고분자 전해질 제조 및 계면 특성 분석 (2021)
특허	전고체 전지 (2021)
	전고체 전지 (2016)
	전고체 전지 (2020)
보고서	전기자동차(EV) 전고체 이차전지 성능 향상 혁신 기술 개발 (2021)
	톱다운 전극/고체전해질 설계에 기반한 에너지저장 시스템용 초고안전성 전고체 전지 핵심 기술 개발 (2019)
	실리콘 기반 고용량 전고체 리튬 이온 전지의 구현 (2019)
동향	UNIST, 압력 센서로 전고체 배터리 진단하는 기술 개발 (2021)
	"화재 위험 낮은 차세대 배터리 성능·안정성 향상 단서 찾았다 (2020)
	차세대 배터리 '전고체전지' 출력성능 높이는 기술 개발 (2020)

출처 : 사이언스on(KISTI)

➡ 전기공학에서 수강하는 대표 과목

[전기공학과 대학에서 이수하는 교과]

교양필수	공업수학, 일반물리학, 물리학 및 실험, 일반화학, 화학 및 실험, 객체지향프로그래밍, 수치해석, 선형대수
전공필수 및 전공선택	회로이론, 전기자기학, 디지털 논리회로, 전기기기실험, 전자회로, 자동제어, 아날로그회로설계, 디지털회로설계, 자율주행 자동차공학, 전기전자계측, 반도체소자, 전자디스플레이, 전력용 반도체소자, 전력시스템공학, 스마트그리드 공학, 고전압공학, 에너지변환, 제어시스템 설계, 신호 및 시스템, 프로젝트 및 세미나 등

[전기공학과 진학에 도움이 되는 교과]

교과영역	교과(군)	공통과목	선택 과목	
			일반선택	진로선택
기초	국어	국어	화법과 작문, 독서, 문학, 언어와 매체	
	수학	수학	수학Ⅰ, 수학Ⅱ, 미적분, 확률과 통계	실용수학, 기하, 수학과제 탐구, 인공지능 수학
	영어	영어	영어회화, 영어Ⅰ, 영어Ⅱ, 영어 독해와 작문	
	한국사	한국사		
탐구	사회	통합사회		사회문제탐구, 사회과제연구
	과학	통합과학 과학탐구 실험	물리학Ⅰ, 화학Ⅰ	물리학Ⅱ, 화학Ⅱ, 과학과제탐구, 융합과학탐구, 고급물리학, 고급화학, 물리학 실험, 화학 실험
생활 교양	기술·가정		기술·가정, 정보	정보과학, 프로그래밍, 공학일반, 창의경영, 지식재산일반, 인공지능 기초
	교양		환경, 실용경제, 논술	

※ 별색 : 핵심 권장 과목

전자 및 통신공학 진로 로드맵

➡ 전자 및 통신공학 합격자 선배들의 진로 로드맵과 세특

전자산업은 TV, 스마트폰, PC 등 전자제품 자체시장을 중심으로 성장해 왔다. 하지만 최근에는 전자기술이 타 산업과 융합되어 새로운 고부가가치를 창출하는 신성장동력으로 자리 잡고, 네트워크와 융합되어 원격제어가 가능한 초연결사회, 스마트 사회 등으로 산업사회의 대변혁을 초래하고 있다. 전자기술의 융합화로 인공지능(AI), 사물인터넷(IoT), 핀테크(FT) 등을 통해 인간의 삶이 한 단계 진화되고 있다. ICT와 전통제조업, 의료, 바이오, 금융 등 이종산업 간 융합이 확산되어 산업 간 경계가 무너지고 있고, ICT 기반기술인 인공지능(AI), 사물인터넷(IoT), 빅데이터(BD), 로봇공학(RT) 등에 의해 실시간 정보교환이 이루어지면서 인간의 개입 없이 시스템이 스스로 상황을 판단하여 전체의 효율을 높이고 새로운 제품과 서비스를 창출하고 있다.

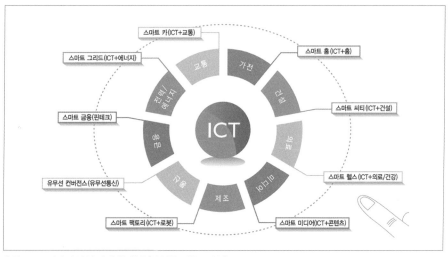

출처 : ICT 기반의 산업 간 융합 확산(산업연구원 주대영)

다양한 모빌리티의 원활한 연결을 위해서는 초고속, 초연결, 초저지연 통신기술이 필요하다. 하만과 협업을 통해 엑시노스 칩셋을 활용한 자율주행차용 5G 통신기술을 지원하는 Smart TCU, VR 기기를 쓰고 현실 공간을 복제한 호텔, 사무실, 쇼핑 등 다양한 일상 체험이 가능한 5G 하이퍼 스페이스 플랫폼 등 5G 통신은 다양한 분야에 활용되고 있다. 5G 통신은 초단파를 사용하여 회절이 잘 이루어지지 않아 원활한 서비스를 제공하기 위해 중개기가 필요하며, 이를 보완하기 위해 5G-위성 다중연결망을 통해 대륙 간 끊임없는 통신서비스를 제공한다. 위성은 매우 높은 고도에서 지상의 허브와 사용자 사이를 연결하므로 5G 통신망에 비해 매우 넓은 서비스 통신 범위를 갖는다는 장점이 있다. 이 때문에 5G와 위성통신을 연결하면 5G 통신서비스를 이용하다가 기지국이 없거나 부족한 지역에서는 위성을 통해 통신서비스를 유지할 수 있다. 또 화재, 지진 등 재난·재해 상황 및 해상에서도 사용할 수 있다. 여기에 더 많은 데이터를 원활하게 제공하면서 초저지연 서비스를 제공하기 위해 6G 통신을 개발하기 위한 연구를 진행하고 있다.

구분	내용
무선전송기술	광대역 지원 및 초고속 대용량 컨텐츠 전송, 대규모 디바이스 접속 지원 기술과 저지연 및 접속의 안정성을 지원하는 기술 및 근거리 무선통신 기술 등을 포함
이동통신 시스템 기술	무선 네트워크의 기지국 단에서 다양한 대역폭을 지원하는 RF 및 안테나 부품, 변복조 기술, 프로토콜 기술, 설계 및 제작 기술, 운용보전/자동구성 등의 관리기술 및 광대역 백홀/프론트홀 등을 포함
이동통신 단말 기술	무선 네트워크의 단말 단에서 다양한 대역폭을 지원하는 RF 및 안테나 부품, 변복조 기술, 프로토콜 기술, 모뎀, 부품이 포함된 하드웨어 제작 기술을 포함
이동통신 서비스 기술	유·무선 통신 응용 서비스와 다양한 타 산업과의 융합 서비스를 지원하기 위한 서비스 및 플랫폼 기술, 시험·인증 기술, 분산된 개방형 아키텍쳐로 네트워크의 말단에서 데이터 처리 및 컴퓨팅을 수행하는 기술 등을 포함
특수목적 통신기술	공중 이동체 간 통신, 제어, 망 구성을 위한 기술, 선박과의 정보전송을 위한 통신 기술, 군 통신 기술, 초고속 이동체 제어 기술, 재난 안전통신망을 위한 기술 등을 포함

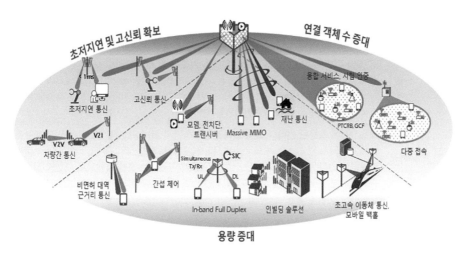

출처 : 이동통신 분야 개념도(정보통신기획평가원)

[전자 및 통신공학 진로 로드맵]

구분	고등1	고등2	고등3
자율 활동	제주 자생식물을 활용한 천연치료제 탐구, 보로노이 다이어그램 탐구	유니버설 디자인 활동, 광촉매를 통한 공기정화필터 탐구	RFID를 접목한 스마트 쇼핑카 발명 아이디어, NFC테그를 이용한 날씨 정보 제공
동아리 활동	과학실험동아리		
	사라지는 잉크 제조, 아스피린 제조	기질에 따른 효모의 호흡정도 탐구, 유전자가위 과학신문제작	체내 무선 전력 공급하는 IVN 시스템 탐구, 디지털 치료제 찬반토론
진로 활동	IoT강연을 듣고 원격의료 가능성 탐구, 뇌공학 강연을 듣고 뇌파를 활용한 영생 기술 탐구	NFC과학 도서관 탐구, 종이 원심분리기 제작 탐구	전력 피크 탐구, 바이오센서를 활용한 바이오메디컬 탐구
특기 활동			아두이노를 이용한 스마트 휴지통 제작 및 배치

[창의적 체험활동]

구분		창의적 체험활동상황
1학년	진로활동	뇌 공학 강연에 참여하여 4차 산업혁명과 의료적 접목에 관한 성찰을 함. 뉴럴링크 기술, 뇌 기능 인터페이스를 이용한 척수 손상 원숭이의 보행 보조기, SNS에서의 뇌파모자, fMRI뇌파를 활용한 뇌영상 제작, IT와 뇌 공학을 접목시킨 뇌파 신호 측정을 통한 자동사진 기술을 통해 **자폐아 진단법을 확인**함.
3학년	동아리활동	체육시간에 활용한 **인바디 측정 원리를 탐구**하면서 체내 과전류가 흐르게 되면 세포조직이 파괴되지 않을까 하는 의문을 가지고 탐구함. 옴의 법칙의 원리를 적용하여 수분을 함유하고 있지 않은 몸속 지방은 전류가 흐르기 힘들다는 것을 바탕으로 체질량 지수를 측정한다는 것을 알게 됨. 이후 체내 무선으로 전력을 공급하는 IVN시스템 구축이 필요하다는 것을 강조함.

[교과 세특]

구분		세부내용 및 특기사항
1학년	수학	'**내 몸의 좌표**'란 방송을 보고, 좌표의 발견이 의료기술의 혁명에 영향을 주었다는 것을 알게 되었다고 소감문을 작성함. 특히, 공간좌표를 적용한 뇌지도를 바탕으로 감마나이프 뇌종양 제거 수술법에 관심을 보임. 주제탐구활동으로 수직선 위 선분의 내분점과 외분점, 좌표평면 위 선분의 내분점과 외분점의 개념에 대해 상황극을 구성하여 원리를 재미있게 전달함.
2학년	수학I	'**삼각함수를 이용한 심전도검사**'라는 주제를 선정하여 파동을 삼각함수로 나타낼 수 있음을 소개하고, 푸리에 법칙을 활용한 심장질환의 가능성을 심전도검사를 통해 확인하는 방법도 설명함. 인체의 신비로움을 더 탐구하여 도움을 주는 일을 하고 싶다고 포부를 밝힘. MATLAB 프로그램을 활용하여 변환해보며 의료영상을 보다 정확하게 분석이 가능한 이유를 발표함.
	물리I	전반사 현상을 관찰하고 임계각을 찾으며, 전반사를 활용한 내시경으로 밝은 빛을 이용해 장기를 입체적으로 확인할 수 있음을 소개함. 소리의 간섭분석 실험에서 보강간섭과 상쇄간섭이 일어나는 위치를 찾고 경로차를 잰 후, 소리의 진동수를 직접 계산함. '빛과 물질의 이중성'에서 인체에서 다양한 색을 인식하는 과정이 빛의 밝기와 색을 전기신호로 감지하여 영상정보로 받아들이는 전하결합소자 CCD와 유사하다는 점을 알고, **CCD를 이용한 인공망막으로 망막색소변성증을 극복**할 수 있다는 주제로 발표를 진행함. '**감각의 미래**' 책을 읽으며 생체삽입된 인공망막칩에 부착될 6개 안구근육을 체온에 따른 변화정도를 고려한 형상기억합금으로 제작할 경우 체내의 온도변화와 근육들의 상호작용으로 안구의 시야를 360도 방향으로 자유로이 이동할 수 있을 것이라고 발표함.

2학년	물리학 실험	태블릿 PC와 센서를 이용하는 **MBL실험장치의 스마트 카트를 이용하여 충돌하는 두 물체의 운동량 보존과 운동에너지 변화를 확인함**. 충돌과 분열 상황별 스마트 카트 세팅 방법과 실험결과에서 오차가 발생한 부분에 이론을 적용하여 보고서를 제출함. 전압, 전류 센서를 이용해 코일에 발생하는 유도기전력 크기에 영향을 주는 요인을 확인함. 이 과정에서 태블릿 PC를 통해 필요한 물리량을 측정하는 역할을 맡음.
3학년	미적분	매개변수로 표현된 함수의 미분 단원에 관심을 가지고 매개변수의 수치 미분 개념을 적용하여 X가 가중치 매개변수, Y가 손실함수라고 할 때 미분한 값이 음수라면 가중치 매개변수를 증가시켜 손실함수의 값을 감소시킴을 예시로 들어 설명함. 빠른 속도와 짧은 지연시간으로 원활한 무선통신의 필요성을 느끼고 RLC회로로 응용하여 탐구하는 모습을 보임. **'전자회로 속 미적분'** 주제로 n계 도함수의 라플라스 과정에 대해 논리적으로 설명하고 이를 이용해 특성방정식의 예시로 미분방정식 풀이를 논리적으로 발표함.
	기하	타원의 방정식을 배우고 **'하늘을 나는 기지국'** 또는 날개 모양을 타원형으로 만들면 더 넓은 범위의 와이파이망을 구축할 수 있다는 생각을 발표함. 주제탐구발표시간에 저항이 3개인 회로에서 전압을 구하는 과정에 호기심을 가지고 **'교류전류에 대한 RLC의 작용'**을 주제로 선정하여 어떻게 전압을 구하는지 보고서로 작성하여 발표함. **'소규모 분산전원 활용 전력거래시스템 고도화 사업'**에서 신재생에너지로 발생한 전기의 전력 손실을 최소화하는 방안으로 가상발전소 플랫폼의 위치를 선정하는 과정에서 '꼬인 위치인 직선끼리의 거리는 두 직선과 동시에 수직하는 선이 최단거리이다'라는 명제를 바탕으로 위치를 선정하는 방법을 발표함.

➡️ 전자 및 통신공학계열 추천도서와 탐구 주제 찾기

[전자 및 통신공학 추천도서]

[전자 및 통신공학 탐구 주제 찾기]

과목	단원	탐구 주제
통합 사회	교통, 통신의 발달과 정보화	LED 빛으로 데이터를 전송하는 라이파이 탐구
	산업화, 도시화로 나타난 생활공간의 변화	증강현실을 활용한 개인화 정보 제공 탐구
	자산관리와 금융생활	청소년 금융교육을 위한 블록체인 기술 활용
과학	신소재의 개발과 이용	메타물질을 활용한 통신장비 개발 탐구
	지구시스템의 에너지와 물질 순환	통신위성을 활용한 지구 순환 탐구
	에너지의 전환과 효율적 이용	전력반도체를 활용한 에너지 전환 효율 극대화 방안
	태양에너지 생성과 전환	가상발전소를 활용한 소규모 발전 효율성 탐구
	발전과 지구환경 및 에너지 문제	플라즈마를 활용한 플라스틱 재활용 탐구
수학	방정식과 부등식(복소수)	양자역학의 파동 통계역학에서 복소수의 파동함수와 켤레복소수의 파동함수의 역할
	방정식과 부등식(복소수)	복소평면에서 기하학적으로 교류전류 설명
	방정식과 부등식(여러가지 방정식과 부등식)	스마트폰의 제작비용과 판매가를 활용한 생산 개수 결정

수학	방정식과 부등식(여러가지 방정식)	뉴턴 방정식을 활용한 보간법의 종류 탐구 및 고차방정식을 활용한 보간법 탐구
	도형의 방정식(도형의 이동)	평행이동과 대칭이동을 활용하여 노이즈 캔슬링과 원리 탐구
	함수(합성함수)	인체 속 파동을 활용한 의료기기 속 함수의 원리 탐구
	함수(여러가지 함수)	휴대폰 요금제를 분석하여 사용범위에 맞는 요금제 추천 탐구

➡ 핵심 키워드로 알아보는 전자 및 통신공학

전자, 설계, 시스템, 회로, 반도체, 디지털, 집적회로, 통신, 물리학, 주파수, 프로그래밍, 전자회로, 메모리, 능동소자, 증폭기, 변환, 해석, 메모리, 함수, 확률, 미분, 고전압

ⓐ DBpia에서 가장 많이 검색된 논문
　　㉠ 양자컴퓨터의 소개 및 전망, 대한전자공학회
　　㉡ 사물인터넷(IoT : Internet of Things) 기술, 대한전자공학회
　　㉢ 자율주행자동차 개발 동향, 한국통신학회지
　　㉣ PL 측정기술의 원리, 대한전자공학회
　　㉤ 블록체인 기반 가상화폐 거래의 보안 위험 및 대응방안, 한국정보전자
　　　통신기술학회

ⓑ 시사를 활용한 탐구활동

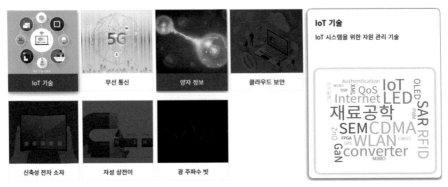

출처 : 사이언스on(KISTI)

논문	대용량 MIMO 시스템을 위한 하이브리드 송신기(2022)
	전방향성 무선전력전송 시스템을 위한 코어 구조 설계(2022)
	광섬유 통신 시스템의 정보 신호 침해에 대한 보호 시스템(2022)
특허	유기 전계발광 소자(ORGANIC ELECTROLUMINESCENT DEVICE)(2017)
	다중 안테나 시스템에서 안테나를 가상화하는 방법 및 장치...(2016)
	무선 전력 전송 시스템의 검출 코일 및 이를 포함하는 코일 구조체(2020)
보고서	에너지저장매체(ESS) 등 전기차 폐배터리 재활용 기술개발 동향(2022)
	임베디드 시스템에서의 GPU 가상화(2022)
	실시간 어플리케이션을 위한 에너지 효율적인 모바일 클라우드 자원 관리 시스템 (2019)
동향	'돌연사 주범' 부정맥 실시간 진단·치료 전자 패치 개발(2022)
	양자소자 개발 가능성 큰 신물질 합성 성공(2022)
	KAIST, 나노크기 인공 패턴으로 보안 인증...'매번 다른 형태(2022)

출처 : 사이언스on(KISTI)

➡ 전자 및 통신공학에서 수강하는 대표 과목

[전자 및 통신공학과 대학에서 이수하는 교과]

교양필수	일반물리학, 물리학 및 실험, 일반화학, 화학 및 실험, 공업수학, 선형대수, 컴퓨터 프로그래밍
전공필수 및 전공선택	전자기초 디지털 논리설계, 회로이론, 전자회로, 신호 및 시스템, C++프로그래밍, 전기자기학, 반도체 소자, FPGA를 이용한 디지털 시스템 설계, 아날로그 회로설계, 광전자, 전자 디스플레이, MEMS개요, 나노집적회로, VLSI설계및프로젝트실습, 바이오전자공학, 의용생체공학, 안테나공학, 디지털통신, 이동통신, 무선통신네트워크, 프로젝트 및 세미나 등

[전자 및 통신공학과 진학에 도움이 되는 교과]

교과영역	교과(군)	공통과목	선택 과목	
			일반선택	진로선택
기초	국어	국어	화법과 작문, 독서, 문학, 언어와 매체	
	수학	수학	수학Ⅰ, 수학Ⅱ, 미적분, 확률과 통계	실용수학, 기하, 수학과제 탐구, 인공지능 수학
	영어	영어	영어회화, 영어Ⅰ, 영어Ⅱ, 영어 독해와 작문	
	한국사	한국사		
탐구	사회	통합사회		사회문제탐구, 사회과제연구
	과학	통합과학 과학탐구 실험	물리학Ⅰ, 화학Ⅰ	물리학Ⅱ, 화학Ⅱ, 과학과제탐구, 융합과학탐구, 고급물리학, 고급화학, 물리학 실험, 화학 실험
생활 교양	기술·가정		기술·가정, 정보	정보과학, 프로그래밍, 공학일반, 창의경영, 지식재산일반, 인공지능 기초
	교양		환경, 실용경제, 논술	

※ 별색 : 핵심 권장 과목

반도체공학 진로 로드맵

➡️ 반도체공학 합격자 선배들의 진로 로드맵과 세특

초연결·초지능 기술의 전산업 확산으로 인공지능, 자율차, 사물인터넷 등 다변화된 반도체의 수요는 급격히 증가하고 있다. 우리나라는 세계 최고 수준의 공정기술을 보유하였으나, 설계 기술이 미흡한 실정으로 최고기술 보유국(미국) 대비 80%(기술격차 1.8년)를 보유한 것으로 나타났다. 시스템반도체는 비메모리 반도체의 일종으로 광·개별소자 등을 뺀 나머지 분류에 대해 기능에 따라 크게 마이크로컴포넌트, 로직IC, 아날로그IC 등으로 구분된다.

반도체 구분			기능 및 용도	주요 제품	관련 기업
비메모리반도체	시스템IC	마이크로컴포넌트	데이터의 저장 및 처리 지원 등	CPU, MPU, 가전용 MUC 등	Intel, AMD, NXP 등
		로직IC	논리회로(AND, OR, NOT 등)로 구성되며, 제품의 특정 부분 제어	디스플레이 드라이버, FPGA 등	–
		아날로그 IC	빛, 열, 압력 등 물리·화학적인 아날로그 신호를 디지털 신호로 변환 및 증폭	증폭기, 신호변환기, 아날로그-디지털 변환회로(ADC)	Texas Instruments, Maxim 등
		주문형반도체 (ASIC)	최종 제품 수요자가 용도를 정해서 생산을 주문하는 반도체	각종 데이터 연산, 저장용 반도체	퀄컴, 브로드컴, 미디어텍 등
		특정용도 표준화제품 (ASSP)	반도체 개발 기업이 특정한 용도를 정해 공급하는 표준화 제품	모바일 AP 등	
	광·개별소자	광소자	외부에서 에너지를 흡수하여 광을 방출하거나, 광을 흡수하여 임의의 형태로 방출	CMOS 이미지센서, LED 등	Sony, Omnivision 등

비메모리반도체	광·개별소자	비광학 센서	열, 가속도, 자기장, 가스, 습도 등 비광학적인 신호 계측을 위한 반도체 센서	압력/열/가속도/ 자기 센서 등	–
		개별소자 (Discrete)	단일 기능 반도체	트랜지스터, 각종 다이오드, 콘덴서 등	–
메모리반도체			데이터의 저장 및 처리 지원 등을 수행	DRAM, Flash 등	삼성, SK하이닉스 등 IDM 기업

출처 : 시스템반도체(KISTEP)

시스템반도체는 성능, 전력, 보안, 안전성 등 서비스 요구 사항에 따라 팹리스에서 소자를 설계하며, 파운드리를 통해 다양한 품종을 시장 규모에 따라 생산한다. 이에 따라, 수요 맞춤형 제품 생산 및 서비스를 제공하기 위해 우수 설계인력 및 소자 구현을 위한 공정기술이 핵심이다.

업체	주력 제품	주요 내용
Qualcomm (미국)	AP 아키텍처, 통신칩 (CDMA, MSM 등)	• CDMA 원천기술 특허를 보유하고, 이동통신 칩과 통신용 SoC, 모바일 AP 등의 제품(AP와 모뎀 칩을 통합한 '스냅드래곤'이 대표적 제품)을 공급 중 • 현재 DSP 중심의 뉴럴넷 컴퓨팅용 환경을 제공하는 형태의 AI반도체 개발 중
nVidia (미국)	GPU, AI반도체, 차량용 반도체	• 컴퓨터용 그래픽 처리장치와 멀티미디어 장치를 개발·제조 • 서버 시장 진출('16.08.)에 이어, 자율주행차 전용 반도체를 공개하며 인공지능 기술과 관련된 사업영역으로 확대 중 • '20.9월 IP전문기업 ARM을 400억 달러(약45조 5,000억 원)에 인수 발표, 고성능 인공지능 및 서버용 프로세서 포트폴리오까지 확보
MediaTek (대만)	AP, 통신칩, 멀티미디어칩	• DTV 수신 칩, 블루레이 칩 등 세계 멀티미디어 반도체 시장을 주도하며, 4G/5G모바일 AP, 와이파이 칩셋 등을 양산 • DVD 플레이어용 칩을 기반으로 성장한 뒤 M&A를 통해 TV, 휴대폰용 칩 등으로 포트폴리오를 다각화

Broadcom (싱가폴)	통신칩, 멀티미디어칩	• 케이블 모뎀을 시작으로 성장하여 WiFi 솔루션 업체로 사업을 확장, 최근 NFC, GPS, 블루투스 등 다중 모드 칩셋 위주로 다양한 제품군을 구축 • DSP 및 비디오 코덱을 내장한 STB용 칩셋 등과 무선 Connectivity Combo 칩셋 등의 멀티미디어 보조 SoC 등을 중심으로 시장을 확대 * Avago로 인수 후 IDM 성격이 강화되었으나, 통신분야 소자 관련 독보적인 설계 기술을 보유
실리콘웍스 (한국)	DDI (디스플레이 패널 구동), PMIC(전력)	• 국내 1위 팹리스 기업으로, 디스플레이 패널을 구동하는 DDI와 PMIC 등의 제품을 공급하고 있으며, 차량용 반도체 사업 진입을 추진 중

출처 : 시스템반도체(KISTEP)

인공지능 반도체(GPU, NPU 등), 전력반도체 등 신소자 구현을 위한 저전력·고성능·소형화 회로설계 기술 개발이 활발히 진행 중이다. 소형화를 위한 단일 소자에 집적도를 높인 SoC 설계가 일반화되어 인공지능·딥러닝 등 특화한 프로세서 아키텍처가 개발되고 있다. 반도체 소자의 단순 미세화(scaling)에 따른 성능발전 방식이 한계에 봉착함에 따라 패키징 공정의 중요성이 높아지고 있다. 첨단 패키징(Advanced package) 기술의 도입으로 다양한 칩을 하나의 소자로 통합이 가능해졌고, 전기적 연결과 반도체 소자의 보호가 목적이었던 전통적인 패키징 기술을 대체하며 고부가가치를 구현하는 산업 내 핵심경쟁력으로 부상하고 있다. 전통적인 리드프레임에서 PCB 및 표면 실장 기술(Surface mount technology) 기반으로 진화해온 패키징 기술은 범핑, 인터커넥션, 적층(Stacking) 및 재배선 (Redistribution layer, RDL) 등 전(前)공정 기술의 도입을 통한 차세대 기술로 발전 중이다. 프로세서, 메모리, 센서, 광, RF 및 MEMS와 같이 다양한 기능의 소자들을 통합하기 위해 기존의 솔더링이나 와이어 본딩이 아닌 RDL공정 등을 사용하여 회로 간 미세연결(interconnection) 구조를 구현하기 위한 이종접합 (Heterogeneous integration, HI) 패키지 기술은 전기적, 열적 성능이 우수하면서도 작은 폼팩터(구조)로 다기능을 구현할 수 있어 최근 패키지 기술로 광범위하게 활용되고 있다.

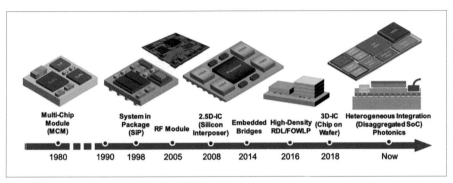

출처 : 다중 소자 패키징에서 이종접합 패키징으로의 발전(Cadence)

[반도체공학 진로 로드맵]

구분	고등1	고등2	고등3
자율 활동	멘토링 활동에 참여 교지에 드론으로 지역을 촬영한 사진과 활용성 소개	컴퓨터 박물관 견학, 컴퓨터 성능에 미치는 요인 탐구	수학/과학 멘토링
동아리 활동	전자과학반		반도체과학반
	스마트 가로등, 심장박동 센서 제작 비교, 호모폴라 전동기 제작	동아리 부장 반도체의 물리적 한계 탐구, 3진법 반도체 관심 반도체 후공정 기술 관심	무선충전패드 탐구, 무선통신5G 수분에서 신호 손실 탐구
진로 활동	전자공학 학과탐방, 워터젯 절단기, 3D프린팅 작동원리 익히고 실습	차세대 전장 반도체 중요성 탐구, 드론 조종 시뮬레이션 실습을 통한 센서의 중요성 인식	반도체 소형화, 인공지능 반도체 탐구, 반도체 학과탐방
득기 활동		아두이노 금속탐지기 제작	

[창의적 체험활동]

구분		창의적 체험활동상황
2학년	진로활동	미래 인구가 폭발적으로 증가하는 시대에 효율적으로 전기를 발전시키고 수송할 수 있는 방법에 관심을 가지고 신재생에너지와 가상발전소를 탐구함. 발전소에서 대량으로 생산하는 전력을 중앙공급식으로 전달하면서 손실된 전기가 많기에 각 지역에서 소규모로 생산되는 재생에너지를 이웃한 곳으로 전송하는 시스템이 필요하여 '스마트그리드' 차세대 전력망이 널리 활용된다는 것을 알게 됨. 개인과 지역 중심으로 분산되면 한 눈으로 전체 전력 수요를 파악하기 어렵다는 단점을 보완할 수 있는 방법으로 가상발전소(VPP·Virtual Power Plant)의 역할이 중요해질 것이라고 강조함.
3학년	진로활동	학과탐방을 통해 차세대 전장 반도체를 통해 자율주행성능을 극대화할 수 있음을 알게 됨. 전장반도체의 98%가 수입에 의존한다는 것을 알고, 그 이유에 궁금증을 가지고 탐구함. 마진이 높지 않으면서 높은 안전성을 요구하여 생산하지 않는다는 것을 알게 됨. 자율주행차 발전으로 인해 반도체 수요가 높을 시기를 대비하여 반도체를 설계할 수 있는 시스템이 필요하다고 생각하게 되었다고 함.

[교과 세특]

구분		세부내용 및 특기사항
1학년	기술가정	전기자동차 및 5G 기술을 주제로 한 내용에 관심이 많아 질문을 통해 궁금증을 해결하며, 더 자세한 내용을 이해하고자 탐구를 하면서 새로운 모델을 제시하여 다른 학생들의 관심도를 높임. 자신에게 영감을 주는 인물로 일론 머스크를 선정하여 '내 꿈, 전자공학자'로 도전정신에 깊은 감명을 받았다고 하면서 다양한 전자기술을 개발하고 싶다고 포부를 밝힘.
2학년	영어Ⅰ	롤모델 발표에서 일론 머스크와 테슬라에 대해 영어로 소개함. 지속가능한 발전을 위해 장기간 적자 속에서 전기차 개발을 멈추지 않은 열정과 핵심기술 특허를 무료로 공개하여 인류의 미래를 위해 헌신하는 철학을 본받고 싶다고 발표함. 영어 신문기사 논평 활동으로 '5G기술의 긍정적인 영향'에 관한 기사를 읽고, 기사에서 밝히지 않은 5G통신의 부정적인 영향에 대해 추가로 조사하여 소개하는 등 무조건적인 수용보다 합리적이고 비판적인 사고를 하는 자세를 지님. AI관련 본문을 읽고 AI를 활용하여 반도체의 오류 발생 확률을 계산 후 가장 적합한 회로와 소재들의 알맞은 배합을 찾아보고 싶다는 포부를 밝히며 탐구하는 모습을 보임.
	물리학Ⅰ	'물질의 구조와 성질' 단원에서 높은 이해도를 보이고, 반도체와 다이오드에 높은 관심을 보임. pnp트랜지스터에 흥미가 생겨 주제발표를 'MOSFET의 구조'로 선정하여 접합형 트랜지스터보다 MOSFET이 가지는 이점에 대해 발표함. 수업시간에 '작용 반작용의 대표적인 이용 사례로 로켓이 있다'라는 말을 듣고, 매질이 존재하지 않는 우주 공간에서 어떻게 작용과 반작용을 설명할 수 있는지 의문을 가지고 이를 탐구함. 이 과정에서 알게 된 치올콥스키의 로켓 방정식을 공부하여 학우들에게 로켓의 운동을 운동량 보존의 법칙을 이용해 쉽게 설명해 좋은 반응을 얻어냄.

	실용 수학	교과서에서 변수의 양의 상관관계를 학습한 후, '무어의 법칙'을 주제로 발표함. "마이크로칩의 성능이 2년마다 2배로 증가한다"라는 경험적 예측을 바탕으로 설명한 것임을 알려주고, **무어의 법칙의 한계와 MOSFET 스케일링**에 대해 추가로 설명해, 집적도를 높일수록 소비자와 공급자 모두에게 이득을 가져오는 상황에 이른다는 것을 설명함. 앞으로 반도체 소형화에 따라 발생하는 물리적 한계를 연구하고자 함.
3 학 년	물리학Ⅱ	개념 재구성 활동에서 트랜지스터의 증폭작용에 대해 급우들에게 설명하고 교과서에 실린 기본 회로도 외에 가변저항과 트랜지스터가 전압을 분배하는 형태에 대해서도 소개. 실험설계 과제 발표에서 자신이 직접 설계한 실험으로 축전기에 대해 발표함. 특히, 전해질콘덴서를 분해해서 아연과 알루미늄이 섞인 두 판 사이에 파라핀을 묻혀 절연이 더 잘되는 유전체에 종이가 끼워져 있는 점을 확인하고, 이를 바탕으로 축전기의 전기용량을 설명함. 이후 충전이 약간 되어있는 콘덴서를 단락시킨 후 1.5볼트 건전지로 충전시켜 전압계를 축전기에 연결한 결과 축전지의 측정전압이 약 1.5볼트가 됨을 보임으로써 관련 식 $W=1/2VQ$가 유도됨을 증명함.

🔿 반도체공학계열 추천도서와 탐구 주제 찾기

[반도체공학 추천도서]

[반도체공학 탐구 주제 찾기]

과목	단원	탐구 주제
통합 사회	자연환경이 인간의 생활에 미치는 영향	재활용률이 높은 반도체 소재 탐구
	산업화, 도시화로 나타난 생활공간의 변화	자율주행을 극대화할 수 있는 AI반도체 탐구
	자원과 지속가능한 발전	불화수소 재사용 방법 탐구
과학	지각과 생명체 구성물질의 결합 규칙성	인체친화적인 플렉시블 반도체 소재 탐구
	신소재의 개발과 이용	더 많은 전자를 저장할 수 있는 소재 탐구
	생명시스템에서의 정보 흐름	뉴로모픽 반도체를 활용한 반도체 성능 극대화 방안 탐구
	에너지의 전환과 효율적 이용	전력반도체를 활용한 에너지 전환 효율 극대화 방안
	태양에너지 생성과 전환	가상발전소를 활용한 소규모 발전 효율성 탐구
	발전과 지구환경 및 에너지 문제	초저전력 반도체 탐구
수학	다항식	현대에서 사용되는 나노 소자에 대해 확인하고 첨단 로직 소자에 대해 탐구
	방정식과 부등식(복소수)	복소수로 입자를 파동형태로 표현하는 방법 탐구
	함수(여러가지 함수)	테슬라의 '교류'와 에디슨의 '직류', 탄소중립 시대의 '전력 반도체' 융합 탐구

➡️ 핵심 키워드로 알아보는 반도체공학

반도체, 회로, 설계, 시스템, 디스플레이, 소자, 집적회로, 메모리, 초고진공, 전자, 능동소자, 스마트폰, 설비, 컴퓨터, 프로세서, 소프트웨어, 트랜지스터, 신호, 코어, 페이딩, 병렬, 리스트

ⓐ DBpia에서 가장 많이 검색된 논문

　ㄱ 최신 반도체 공정기술, 대한전자공학회

　ㄴ 인공광합성 태양전지, 한국정보과학회

　ㄷ 인공지능 반도체, 대한전자공학회

　ㄹ 자율주행 자동차용 지능형 센서와 인공지능 반도체, 대한전자공학회

　ㅁ 반도체 및 디스플레이 산업에서의 레이저 가공 기술, 한국정밀공학회

ⓑ 시사를 활용한 탐구활동

출처 : 사이언스on(KISTI)

논문	인공지능 뉴로모픽 반도체 기술 동향(2020)
	NPU 반도체를 위한 저정밀도 데이터 타입 개발 동향(2022)
	저융점 Sn-Bi 솔더의 신뢰성 개선 연구(2022)

특허	반도체 장치 및 반도체 장치의 제작방법(2022)
	접착력이 향상된 반도체 구조물의 패터닝 공정(2022)
	반도체 포토 레지스트용 조성물 및 이를 이용한 패턴형성방법(2019)

보고서	시스템반도체 기술 동향 (2019)
	자동차용 반도체 기술 동향(2020)
	초절전 고성능 미래 반도체 나노소자 기술 (2016)

동향	빈 공간, 원자 상호작용 이용한 새 메모리 기술 개발(2022)
	UNIST "6G 통신용 특성 지닌 새 메타표면 개발" (2022)
	UNIST "고성능 초박막 반도체 소자 원하는 형태로 합성"(2022)

출처 : 사이언스on(KISTI)

➡️ 반도체공학에서 수강하는 대표 과목

[반도체공학과 대학에서 이수하는 교과]

교양필수	반도체 물리, 전기회로 실험, 전자기학, 전기회로, 논리회로, 프로그래밍, 공학수학
전공필수 및 전공선택	반도체 소자의 이해, IC공정 프로세서, 메모리 소자의 이해, 비메모리 소자의 이해, 나노전자공학, 정보디스플레이, 전기전자재료공학, 광전자공학, 정보기억소자, 전자신소재공학, 신호와 시스템, 디지털 신호처리, 패턴인식, 딥 신호처리, 컴퓨터비전, 멀티미디어 신호처리, 디지털집적회로, ASIC설계, 객체지향 프로그래밍, 프로젝트 및 세미나 등

[반도체공학과 진학에 도움이 되는 교과]

교과영역	교과(군)	공통과목	선택 과목	
			일반선택	진로선택
기초	국어	국어	화법과 작문, 독서, 문학, 언어와 매체	
	수학	수학	수학Ⅰ, 수학Ⅱ, 미적분, 확률과 통계	실용수학, 기하, 수학과제 탐구, 인공지능 수학
	영어	영어	영어회화, 영어Ⅰ, 영어Ⅱ, 영어 독해와 작문	
	한국사	한국사		
탐구	사회	통합사회		사회문제탐구, 사회과제연구
	과학	통합과학 과학탐구 실험	물리학Ⅰ, 화학Ⅰ	물리학Ⅱ, 화학Ⅱ, 과학과제탐구, 융합과학탐구, 고급물리학, 고급화학, 물리학 실험, 화학 실험
생활 교양	기술·가정		기술·가정, 정보	정보과학, 프로그래밍, 공학일반, 창의경영, 지식재산일반, 인공지능 기초
	교양		환경, 실용경제, 논술	

※ 별색 : 핵심 권장 과목

PART
3

화공에너지신소재계열
진로 로드맵

어떤 성향이
이 계열에 잘 맞을까?

이 계열을 희망하는 학생들은 친환경에너지, 신에너지에 높은 관심을 가지고, 좋아하는 과목에 몰입하는 학생이다. 특히, 이산화탄소 포집기술을 통해 수소를 얻고, 이 수소를 통해 에너지나 새로운 화합물을 만드는 기술에 관심을 가지고 탐구한다. 또한 그린 택소노미로 원자력발전이 포함되어 안전한 원자력발전을 할 수 있는 SMR기술에도 관심을 가지고 있다. 이 기술은 소규모 지역이나 도심에서 떨어진 지역에서도 안전하게 활용할 수 있는 방법이다. 또한 해상에서 사용하여 수소를 얻거나 물을 정화하는 에너지로 활용하는 등 다양한 방안으로 사용할 수 있는 기술에도 관심을 가지고 있다.

학교에서 수학 및 과학탐구대회(과제탐구활동)에 적극적으로 참여하여 궁금한 문제에 대한 해답을 스스로 해결하는 모습을 보여준다. 자신이 이과라고 생각은 하고 있지만, 물리학II까지 공부해야 하는 것을 모르는 친구들이 많이 있다. 이를 이해하기 위해서는 역학적 에너지를 열에너지 등으로 변환하는 과정을 잘 이해해야 하기에 물리학 지식이 필요하다. 그리고 실험 및 탐구활동을 하고 난 후 실패한 원인을 조사하거나, 추가로 탐구하고 싶은 주제를 한 번 더 고민해 보면 좋을 것이다.

[화공에너지신소재계열 진로 로드맵]

구분	중등	고등1	고등2	고등3
자율 활동		학급 자율 탐구활동		
		선후배 연합탐구활동		
동아리 활동	과학실험동아리 활동	과학실험동아리		
	수학주제 탐구활동	과학시사토론동아리		
진로 활동	발전소 견학	실험실/연구실 탐방, 에너지 연구원과의 만남		진로심화탐구
	태양광발전 실험	서울대 이공계 캠프, 카이스트/포스텍 과학캠프		
특기 활동	과학영재교육원 이수	열전소자 및 압전소자 발전 탐구, 무선 충전 효율 탐구		

※ K-Girls Day를 통해 기업·연구소·대학 체험활동 프로그램 활용 가능

고등학교를 입학하기 전 자신의 진로를 파악하는 것이 중요하다. 그래야 영재고, 과학고, 과학중점학교 등 어떤 고등학교가 본인에게 잘 맞을지 알 수 있다. 특히, 영재고, 과학고를 희망하는 경우 중1 때 진로가 결정되면 발전소 견학을 통해 친환경 에너지를 위한 연구개발 사례를 확인하고, 태양광 발전 또는 풍력 발전으로 생산되는 효율을 찾아보면서 신재생에너지의 비전을 확인하는 것이 중요하다.

2025년 고교학점제가 시행되면 일반선택 및 진로선택과목은 A, B, C 성취도로 성적을 기입하기에 성적으로 학생을 평가하는데 한계가 있다. 따라서 화공·에너지 진로가 정해지면 미적분, 기하, 물리학II, 물리학 실험, 화학II, 화학 실험을 선택하여 관련된 이론적 지식뿐만 아니라 실험 탐구활동을 통해 관련 지식을 쌓을 수 있다. 구체적인 활동계획을 세우기 위해 진로 로드맵을 작성하면 어

편 활동에 중점을 두고 활동할지 알 수 있다. 특히, 시험기간 1달 동안은 성적을 챙기고, 그 기간 동아리활동은 실험보다는 진로독서 및 주제발표활동으로 1주에 1명씩 돌아가면서 진행한다면 비교과활동을 하는데 시간도 빼앗기지 않으면서 성적과 활동 두 마리 토끼를 잡을 수 있을 것이다. 그리고 시험 이후나 방학을 이용하여 장기적인 실험을 진행하면 더욱 좋을 것이다.

진로 로드맵에 자율활동, 동아리활동, 진로활동, 특기활동(개인별 세특, 독서 등)과 관련하여 구체적으로 어떤 활동을 할 것인지를 기록한다면 시간을 효율적으로 활용할 수 있으며, 진로에 맞는 일관된 활동을 할 수 있다. 그러면 비교과에 집중하다 교과성적이 떨어지는 실수를 하지 않을 것이다. 또한 모든 과목을 진로와 연계하여 선택하지 않을 것이다. 융합인재를 선호하기 때문에 물리와 화학 분야뿐만 아니라 수학, 정보, 기술 과목에서 자신의 진로 분야 스토리를 담으면 좋을 것이다.

선배들의
진로 로드맵 엿보기

화학공학 진로 로드맵

➡ 화학공학 합격자 선배들의 진로 로드맵과 세특

탄소포집·활용·저장기술(CCUS)은 말 그대로 탄소를 포집(Capture), 활용 (Utilization) 또는 저장/격리(Storage/Sequestration)하는 기술로, 포집한 이산화탄소 를 '자원화'하는 것을 일컫는다. 테슬라(Tesla)의 일론 머스크(Elon Musk) 최고경 영자(CEO)는 4년간 탄소 포집 기술 경연대회에서 1기가톤의 탄소 포집 기술을 개발한 팀에게 1억 달러 상당의 기부금을 내걸기도 했다. 탄소배출이 높은 산업 군은 철강(25%), 시멘트(25%), 화학 및 석유화학 제품(30%) 등이다. 우리나라가 모두 보유하면서 선도하고 있는 산업군이다. 탄소 배출량이 높은 산업군을 가지 면서 수출에 의존하는 나라일수록 유럽이나 미국에서 도입과정에 있는 탄소국 경세(Carbon border tax)의 부담을 질 뿐 아니라 국내적으로도 탄소세가 도입되면 이에 대한 큰 경제적인 부담을 지기에 CCUS기술에 대한 투자와 전략적인 대책 이 불가피하다.

년도	기타	배터리	태양광PV	풍력	원자력	CCUS
2025	7.21	75.7	225	154	-82.0	-5.63
2030	30.5	194	538	433	-178	-79.6
2035	79.2	355	1,020	755	-304	-206
2040	153	437	1,261	925	-384	-308
2045	259	445	1,63	963	-445	-358
2050	316	480	1,377	1024	-515	-389

출처 : CCUS 넷제로 달성(IEA, 딜로이트)

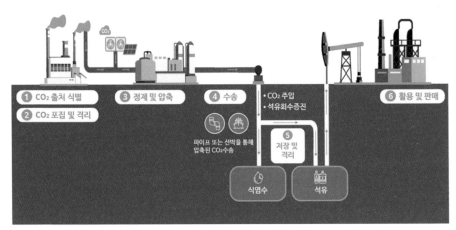

출처 : CCUS의 도식(UNECE 웹사이트)

CCU의 기술은 수소화 전략에서도 빼놓을 수 없는 기술이다. 전 세계적으로 2050년까지 수소에너지 수요는 2015년에 비해 약 10배 가까이 증가할 것으로 예상된다. 이는 전체 에너지 수요의 7%에 미칠 것으로 예상된다. 수소 경제를 크게는 세 가지로 나눌 수 있는데, 바로 그레이(Gray)수소, 블루(Blue)수소, 그린 (Green)수소이다. 그레이수소는 기존의 화력발전소 또는 석유화학 공정이나 철강 등을 생산할 때 발생하는 부산물로 나오는 수소다. 즉, 부생수소와 천연가스 개질 등을 말한다. 블루수소는 그레이 수소를 만드는 과정에서 CCU 기술을 활용하여 탄소배출을 줄이고, 수소만 걸러낸 것을 일컫는다. 마지막으로 그린수소는 재생에너지 전력으로 수전해를 통해 생산된 수소로, 온실가스 배출이 전혀 없는 공정을 말한다.

한편, 미세조류를 활용한 기관 중 한국지역난방공사가 열병합발전소 배기가스를 활용한 미세조류 광배양시스템을 개발 중이다. 이 기술이 개발될 경우, 발전소에서 내뿜는 배기가스를 30%가량 감축하고, 바이오 디젤을 생산할 수 있다. 무엇보다도 의약품, 건강식품, 화장품, 사료로 이용되는 항산화물질인 아스타잔틴의 순도 80% 이상을 추출할 수 있다.

정부에서는 탄소중립에 핵심적인 기여가 가능한 10대 핵심기술을 선정하여 연구를 진행 중이다. 태양광·풍력, 수소, 바이오에너지, 철강·시멘트, 석유화학, 산업공정 고도화, 수송효율, 건물효율, 디지털화, CCUS 기술을 선정하여 R&D 성과를 얻게 되었다.

세계 최초 밀폐형 전기로 합금철 제조기술 개발
- (내용) 전기로의 완전 밀폐화를 통해 기존 세계 최고 Fe-Mn 합금철(프랑스 에라메트社) 대비 전력 소모 12%, CO_2 발생량 19% 저감
- (성과) 세계 최고수준의 친환경 설비 및 엔지니어링 기술을 바탕으로 합금철 플랜트 건설 수주 등 700억원 이상의 매출 달성

세계 최고 수준 수소차용 수소탱크 개발
- (내용) 기존 고가의 고기능성 탄소섬유 대신 범용 탄소섬유와 고기능성 에폭시를 적용해 세계최고 수준의 저가형 수소탱크 개발 성공
- (성과) 개발 기술을 국내 수소차(현대차 넥쏘)에 적용하였으며, 글로벌 해외 완성차 업체에도 관심이 높아 해외 시장진출 기대

세계 최초 수소 청소차 보급을 통한 친환경 선도국가 경쟁력 확보

- (내용) 적재량 4~5톤급 상용차용 연료전지 냉각시스템 및 수소트럭 개발
- (성과) 세계 최초 쓰레기 수거용 수소화물차 개발을 통해 미세먼지 감축효과,
  한 번 수소 충전(25kg) 시 약 340km 운행 가능
  - ＊ 트럭 등 중대형 상용차는 승용차 대비 미세먼지 배출량이 60배

수상태양광 상용화 기술 확보를 통한 사업화 성공

- (내용) 수상태양광 모듈 및 부유체의 상용화 제품 개발
- (성과) 국내 최대(73MW급) 수상태양광발전소 사업 수주(매출액 약 300억원)

4.3MW 풍력발전 시스템 개발 및 사업화 성공

- (내용) 국내 최초 4.3MW 육상용 모듈식 드라이브 트레인을 개발
- (성과) 개발기술의 사업화에 성공하여 '20년 1,500억 규모 사업 수주

세계 5번째 발전용 고효율 대형 가스터빈 국산화 성공

- (내용) 세계 5번째 고효율·대형 발전용 가스터빈 국산 독자모델 개발성공
- (성과) 수입에 의존하던 가스터빈 국산화를 통한 수입대체·시장개척 가능

세계 최초 나노소재 500kV급 HVDC 케이블 기술 확보

- (내용) 세계 최초 ±500kV HVDC 전류형 XLPE 케이블 및 접속함 개발
- (성과) 국내뿐만 아니라 유럽의 신재생전력 전송을 위한 시장 선점 및
  장기적으로 동북아 슈퍼그리드 전력 전송 활용 기대

국내 기술로 세계 일류 폐수 처리기술 개발

- (내용) 고농도 독성 및 고염도 폐수처리를 위해 미생물을 이용한 생물학적
  폐수 처리시스템의 국산화 성공
- (성과) 기존에 부담해야 했던 폐수 처리비용과 열교환기 운용에 따른
  전력 및 에너지 소모를 크게 절감할 것으로 기대

출처 : 탄소중립 산업·에너지 R&D 전략(산업통상자원부)

구분	중점분야 (대표기술)	

에너지 생산
- 무탄소발전
- 재생에너지

에너지 전달
- 계통 선진화
- 에너지 저장 — 대용량 허브 에너지저장시스템
- 수소화 — CO₂ free 그린수소 저가 대량생산 기술
- 에너지 고효율화 — 최적에너지 사용관리 기술

산업·수송
- 철강 — 수소환원제철
- 석유화학 — 연료(전기가열로) 및 원료(바이오납사)전환기술
- 시멘트 — 석회석 원료 대체 기술
- 정유 — 저에너지 소모 무탄소 연료 제조기술
- 반도체·디스플레이 — 불소계 온실가스 저감기술
- 일반산업
- 산업공통설비
- 자동차(운행) — 전기수소차 성능 및 편의성 제고 기술
- 조선(운항) — LNG/전기 하이브리드 추진 기술

탄소중립 공통
- 자원순환 — 산업원료 소재화, 재제조 기술
- CCUS — 산업공정 배출 CO₂ 포집기술

- 청정연료 발전 — 수소/암모니아 터빈 기술
- 연료전지 — MW급 연료전지 대용량화 기술
- 태양광 — 실리콘 기반 초고효율 탠덤 태양전지
- 풍력 — 초대형 해상풍력발전기
- 전력계통 — AC/DC 하이브리드 전력계통 운영기술
- 섹터커플링 — 멀티소스 히트펌프 카르노배터리 축열기술

- 전기전자 — 친환경 절연소재 기반 전기기기 기술
- 비철금속 — 탄소 환원제 대체 기술
- 제지 — 화석연료 기반 공정의 전기에너지 전환 기술
- 섬유 — 바이오매스 유래 섬유기술
- 유리 — 탄산염 유리원료 대체기술
- 자동차(공정) — 도장 공정 에너지 절감 기술
- 조선(공정) — 에너지 전환을 통한 야드 내 탄소저감기술

- 보일러/공업로 — 고온히트펌프, 무탄소 연료적용 기술
- 펌프/프레스 — 에너지 효율화 기술
- 냉동/공조 — 저GWP 냉매기술

출처 : 탄소중립 R&D 17대 중점분야(산업통상자원부)

[화학공학 진로 로드맵]

구분	고등1	고등2	고등3
자율 활동	동아리 부스 참여, 수학과학 멘토링 참여	수학과학 멘토링 참여	수학과학 멘토링 참여
동아리 활동	수학물리탐구토론반	포도당	화학탐구
	웜홀과 블랙홀이 실제 존재하는지 찬반토론	안토시안 색소 변화 탐구, 소 눈 해부를 통한 원근 조절원리 확인	고리모양 탄화수소에서 결합각에 따른 안정성 탐구, 산화환원반응 탐구
진로 활동	다가올 식량 위기에 대한 진단과 6차 산업인 농업의 미래에 관심을 가지고 생태농업 탐구	찾아가는 실험실 참여	꿈 발표활동 지속가능한 에너지 탐구

[창의적 체험활동]

구분		창의적 체험활동상황
2학년	진로 활동	찾아가는 실험실 1차 '아두이노 코딩'에서 마이컴 보드인 아두이노에 LED, 센서 등의 부품을 연결하고, 프로그램을 입력하여 노래에 맞춰 반짝이는 LED전구를 만들고 스피커에서는 관련 노래가 같이 나올 수 있도록 구성함. 찾아가는 실험실 2차 '**축구로봇**'에서 브래드보드를 이용하여 축구로봇을 제작함. 처음 경기에서 로봇이 공을 잘 다루지 못하자 보수작업 진행 후 다시 게임에 참여하여 우승을 이끌어냄. 보다 원활하게 움직일 수 있는 모터와 **가벼운 소재의 중요성을 인식함**.
3학년	동아리 활동	고리 모양 탄화수소에서 각 물질의 결합각이 더 클수록 안정성이 높아지는 이유를 탐구하면서 입체적인 구조로 존재해야 함을 알게 됨. 산화수 정하는 규칙을 이해하고 음극화보호의 개념을 활용한 연료탱크와 배의 선체 부식방지법을 예를 들어 발표함. 산화제로 사용되는 하이포염소산나트륨을 예로 들어 표백과 살균 작용 원리를 설명함. 산 염기 중화반응에서 중화점을 지시약의 색깔 변화와 온도 변화로 확인할 수 있다는 것과 이를 정량적으로 계산할 수 있는 방법을 발표함.

[교과 세특]

구분		세부내용 및 특기사항
1학년	과학	밀러의 실험을 통해 원시지구에서 유기물이 생성되는 과정을 이해함. 온실기체의 증가로 인해 지구온난화가 일어난다는 주장에 반대하는 내용을 발표하여 동료들로부터 긍정적인 반응을 이끌어냄. '**손 발전기로 전구에 불을 켤 수 있을까?**' 실험에서 주어진 실험기구를 사용하여 창의적으로 실험을 설계하여 결과를 도출하는 능력이 우수함.

2 학 년	기하	사면체의 두 평면이 이루는 각이 변끼리 이루는 각과 달라지는 이유를 알기 쉽게 그려서 설명함. 수학에서도 분자구조와 같은 다면체가 있다는 것을 알고, 플러렌의 기본적인 분자구조와 이를 통해 나타날 수 있는 성질을 설명함. 준정다면체임을 소개하며, 두 종류 이상의 정다각형으로 이루어져 있으면서 각 꼭짓점에 모여 면의 배치가 서로 같은 볼록다면체를 구성한다는 것을 이해함.
	화학I	주기율표와 관련하여 같은 주기에서 유효핵전하가 증가함에 따라 원자반지름이 줄어드는 현상을 잘 설명함. 알칼리 금속과 할로젠족들의 반응성이 높은 이유에 대해 전자껍질을 바탕으로 그림을 그려 이해시킴. 철 부식 방지법으로 합금에 관심을 가지고 스테인리스금속에 대해 알아보던 중 파인세라믹스, 초전도물질, 형상기억합금 등 새로운 소재에 관심을 가지고 탐구하는 열정을 보임.
3 학 년	생명과학 II	인공생명기술을 주제로 **멸종위기 생명체를 보존하는 방법**으로 질병 문제를 해결하며, 식량부족문제를 해결하는 방법이 될 수 있음을 잘 설명함. 인공생명체의 긍정적인 부분 뿐만 아니라 부정적인 측면까지 조사하여 보고서를 작성함. '인공생명기술'이 발전하기 위해서는 세포를 잘 배양할 수 있는 소재와 오가노이드 등이 필요함을 인식하고 재료의 중요성을 깨닫게 되었다고 함.
	화학II	기체의 온도와 압력, 그리고 부피의 관계로부터 이상기체상태방정식을 유도하는 과정을 잘 설명함. 이산화탄소 분자량을 이상기체상태방정식을 이용하여 계산하여 발표함. 농도변환을 공식을 사용하지 않고 정의를 활용하여 쉽게 설명하여 급우들의 이해도를 높임. 물의 이온화 과정은 흡열반응으로 온도가 높아지면 물의 이온곱상수도 커진다는 것을 이해하고, 순수한 물에서 수소이온의 몰 농도는 수산화이온의 몰농도와 같음을 설명하며 온도에 따라 그 값이 달라지는 것을 설명함.

➲ 화학공학계열 추천도서와 탐구 주제 찾기

[화학공학 추천도서]

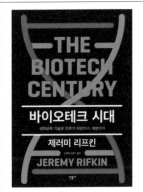

[화학공학 탐구 주제 찾기]

과목	단원	탐구 주제
통합 사회	자연환경이 인간의 생활에 미치는 영향	피톤치드 노출 정도에 따른 항산화 작용에 미치는 영향
	산업화, 도시화로 나타난 생활공간의 변화	수소자동차 운행이 도시 정화에 미치는 영향
	환경문제 해결을 위한 노력	플라스틱을 분류하지 않고 재활용할 수 있는 방법 탐구
	자원과 지속가능한 발전	볼밀링법을 활용한 암모니아 제조 시 감축되는 이산화탄소 비교
과학	원소들의 화학결합과 물질의 생성	레고 블록처럼 쌓아 화합물을 만드는 방법 탐구
	신소재의 개발과 이용	희토류를 대신할 초전도체 소재 탐구
	화학반응과 산화환원반응	인공광합성을 활용한 에너지 생산 탐구
	산과 염기 및 중화반응	물로부터 수소 생산 효율 극대화 방안 탐구
	태양에너지 생성과 전환	태양열과 태양광 에너지 효율 비교 탐구
	발전과 지구환경 및 에너지 문제	배터리 효율을 증대할 수 있는 음극소재 탐구

수학	도형의 방정식(도형의 이동)	분자모형의 대칭성을 조사하여 과학에서 배운 분자모형이 이루는 대칭각도 탐구
	집합과 명제(명제)	지구온난화 및 환경오염에 따른 역설 탐구 (올베르스의 역설, 페르미의 역설)
	경우의 수(순열)	방향족 화합물에 대해 탐구하고 벤젠과 수소가 결합하는 경우의 수 탐구
	경우의 수(조합)	엔트로피 정의 탐구 및 무한 원숭이 이론 탐구

➜ 핵심 키워드로 알아보는 화학공학

화학, 실험, 화합물, 합성, 공정, 생화학, 약학, 물리학, 생물학, 무기, 유기, 나노, 소재, 원료, 분석, 응용, 촉매, 석유, 자원, 화학공업, 전자, 식품, 기술, 생활, 에너지원 등

ⓐ DBpia에서 가장 많이 검색된 논문

ㄱ 바이오화학 소재를 이용한 친환경 플라스틱 개발 및 응용, 한국고분자학회

ㄴ 딥러닝을 이용한 약물 화학 구조 예측, 한국정보과학회

ㄷ 폐플라스틱의 화학적 재활용과 열분해 유화기술, 한국고분자학회

ㄹ 생활환경 유해화학물질 위해성평가 국내·외 연구동향 및 향후전망, 환경독성보건학회

ㅁ 화학기상증착법을 이용한 대면적 그래핀 합성연구, 대한기계학회

ⓑ 시사를 활용한 탐구활동

고체 에너지 저장 장치   바이오센서   리튬이온전지   화학촉매

화학촉매
화학 활성 및 선택성이 높은 촉매 개발 기술

conditions
intermediates heterogeneous
formation ethanol catalyst
pt chemicals
proton catalysts fuels
fe reduction
faradaic reaction activity
selectivity dispersed
hydrogenation catalysis

유기 태양전지   항암제   바이오매스와 탄소   위해성 평가

출처 : 사이언스on(KISTI)

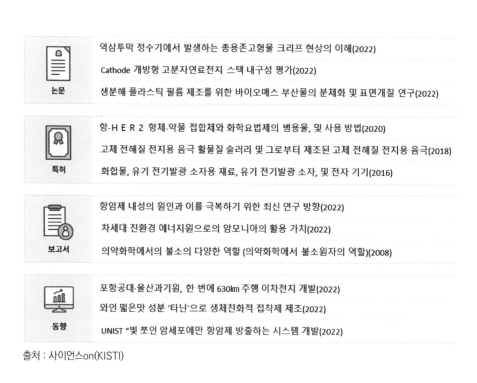

논문
역삼투막 정수기에서 발생하는 총용존고형물 크리프 현상의 이해(2022)

Cathode 개방형 고분자연료전지 스택 내구성 평가(2022)

생분해 플라스틱 필름 제조를 위한 바이오매스 부산물의 분체화 및 표면개질 연구(2022)

특허
항-HER 2 항체-약물 접합체와 화학요법제의 병용물, 및 사용 방법(2020)

고체 전해질 전지용 음극 활물질 슬러리 및 그로부터 제조된 고체 전해질 전지용 음극(2018)

화합물, 유기 전기발광 소자용 재료, 유기 전기발광 소자, 및 전자 기기(2016)

보고서
항암제 내성의 원인과 이를 극복하기 위한 최신 연구 방향(2022)

차세대 친환경 에너지원으로의 암모니아의 활용 가치(2022)

의약화학에서의 불소의 다양한 역할 (의약화학에서 불소원자의 역할)(2008)

동향
포항공대·울산과기원, 한 번에 630㎞ 주행 이차전지 개발(2022)

와인 떫은맛 성분 '타닌'으로 생체친화적 접착제 제조(2022)

UNIST "빛 쪼인 암세포에만 항암제 방출하는 시스템 개발(2022)

출처 : 사이언스on(KISTI)

➡ 화학공학에서 수강하는 대표 과목

[화학공학과 대학에서 이수하는 교과]

교양필수	일반물리학, 물리학 및 실험, 일반화학, 화학 및 실험, 일반생물학, 생물학 및 실험, 미적분학, 공업수학
전공필수 및 전공선택	나노신소재, 고체물성론, 화공열역학, 화공기기분석, 공업물리학, 공업유기화학, 고체화학공학, 공업생화학, 생물공정공학, 응용생명공학, 화공계산, 화공열및물질전달, 고분자공학입문, 환경화학공학, 에너지공학, 석유화학공업, 반응공학, 공정설계, 고분자물리, 화공전자재료, 반도체화학공정, 디스플레이소재및공정, 메디컬생체재료, 나노바이오융합공학, 기기분석, 계면화학공학, 프로젝트 및 세미나 등

[화학공학과 진학에 도움이 되는 교과]

교과영역	교과(군)	공통과목	선택 과목	
			일반선택	진로선택
기초	국어	국어	화법과 작문, 독서, 문학, 언어와 매체	
	수학	수학	수학I, 수학II, 미적분, 확률과 통계	실용수학, 기하, 수학과제 탐구, 인공지능 수학
	영어	영어	영어회화, 영어I, 영어II, 영어 독해와 작문	
	한국사	한국사		
탐구	사회	통합사회		사회문제탐구, 사회과제연구
	과학	통합과학 과학탐구 실험	물리학I, 화학I, 생명과학I	물리학II, 화학II, 생명과학II, 과학과제탐구, 융합과학탐구, 고급물리학, 고급화학, 고급생명과학, 물리학 실험, 화학 실험, 생명과학 실험
생활 교양	기술·가정		기술·가정, 정보	정보과학, 프로그래밍, 공학일반, 창의경영, 지식재산일반, 인공지능 기초
	교양		환경, 실용경제, 논술	

※ 별색 : 핵심 권장 과목

➡️ 에너지공학 합격자 선배들의 진로 로드맵과 세특

코로나19로 인해 에너지 디지털화·탈탄소화·분산화 속도가 빨라지고 있다. 코로나 이후 환경을 보호하고 사회적 안전망을 더욱 견고히 하고자 ESG경영이 기업의 필수 생존조건으로 부상하고 있다. 대규모 집중형 전원과 달리 특정 지역에 소규모로 에너지를 공급하기에 소비효율이 높고, 연료전지, 태양광, 풍력, 폐기물 등 다양한 에너지원을 활용하는 분산 에너지 시스템의 필요성이 높아지고 있다.

기업활동에 필요한 에너지의 100%를 태양광, 풍력과 같은 친환경 재생에너지원으로 생산된 전력만으로 충당하겠다는 'RE100'을 자발적으로 선언하고 실천하는 기업들이 늘어나고 있다. 애플, 페이스북, 구글은 이미 100%를 달성했으며, BMW, 폭스바겐, GM, 월마트 등과 같은 기업들도 제품의 생산과 유통에 필요한 에너지를 100% 재생에너지로 사용하겠다고 선언하고 약속대로 이행 중이다. 가장 큰 전력 소비자 중 하나인 IT기업의 에너지 시장 진출도 활발한데, 구글, 애플 등은 에너지 자회사를 설립하여 재생에너지를 생산·판매하고 있다. 테슬라는 태양광, 가정용 ESS를 출시해 종합 에너지기업으로 변모하고 있다.

후쿠시마 원전사고 이후 안전성이 큰 이슈로 부각된 원자력의 경우, 우리나라는 국토면적 10만㎢당 원전수가 25.7기로, 11.5기인 일본과 1.1기인 미국보다 각각 2배, 25배 이상 높다. 원전사고의 위험성으로부터 국민을 안전하게 보호하기 위함과 사용 후 핵연료 처리 부담을 줄이기 위해서라도 중앙집중형에서 벗어나 앞으로는 분산형 전원 비중을 확대해 나가야 할 것이다. 중앙집중형이 공급 중심의 송배전 체계라면, 분산전원은 전력수요 지역 인근에 설치하여 송전선로의 건설을 최소화할 수 있는 일정 규모 이하의 발전설비이다. 분산전원은 규모를 크게 만들 필요가 없어 부지 등 비용 부담이 적고, 소규모의 여러 발전 시설에서 생산된 전기를 취합해서 소비지로 재분배하는 방식이다. 정부는 분산전원을 이용한 효율적인 송배전 체계를 2017년부터 2040년까지 12%에서 30%로 확대할 계획이다. 발전용 연료전지, 열병합발전소 설치 확대, 구역 전기사업 내실화 등 수요지 인근의 전원을 확충하고, 일반 주택에서는 자가용 태양광, 가정·건물용 연료전지 보급 확대 등을 통해 전력을 직접 생산하고 소비할 수 있는 프로슈머가 확산되도록 지원한다. 또한 태양광, ESS, V2G(Vehicle To Grid) 등 소규모 분산전원을 모아 가상발전소로 참여하는 등 에너지 신기술을 활용해 전력 중개 시장을 확대할 계획이다.

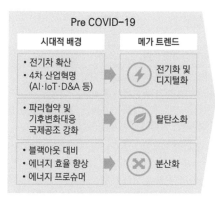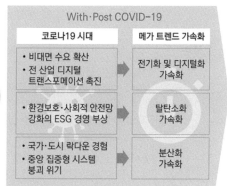

출처 : 코로나19로 인해 가속화되는 에너지 산업의 메가 트렌드(삼정KPMG경제연구원)

[에너지공학 진로 로드맵]

구분	고등1	고등2	고등3
자율 활동	과학멘토링	과학멘토링, 태양광자동차 탐구	과학멘토링
동아리 활동	등산동아리	교육봉사동아리	뉴턴과학반
			신재생에너지 탐구
진로 활동	진공관형 태양열 집열기술 탐구	연구원 선배와의 만남, 아파트 베란다 태양광 효과 탐구	원자력 발전의 필요성 토론, 스마트그리드 기술과 ESS로 그리드패리티 도달 가능성 탐구
특기 활동		극저탄성 타이타늄 신합금의 생체적합성 및 물리적 특성 탐구	

[창의적 체험활동]

구분		창의적 체험활동상황
2 학 년	진로 활동	아파트 베란다에 태양광 발전 설비를 하여 누진세를 완화한다는 기사를 접하고, 관련자료를 조사함. 하루 발생 에너지량을 조사하여 **전기 누진세가 완화되는 이유**를 잘 정리해 에너지신문을 만들어 학생들에게 알려줌. 앞으로 효율이 더 높은 태양광 패널을 만든다면 주택 전기료를 대체할 수 있을 것이라는 생각에 에너지연구원을 희망함.
3 학 년	동아리 활동	뉴턴 과학잡지를 읽고 동아리원들과 주제 토론 활동을 이끌어나감. 뉴턴지에서 **'신재생에너지'**를 읽고, 태양광발전, 풍력, 수력, 이온전지, 연료전지 등 새롭게 개발된 신재생에너지의 효율에 대해 알아보고 적용가능한 발전을 탐구하는 열정을 보임. 섬에 적용할수 있는 풍력발전으로 해상 윈드팜을 대안으로 제시하며 미관을 해치지 않으면서 지속가능한 발전이 될 것임을 소개함. 삼면이 바다인 우리나라에서 **해상 윈드팜 성능 개선의 필요성**을 강조함.

[교과 세특]

구분		세부내용 및 특기사항
1 학 년	과학	과학반장으로 리더십을 발휘하여 학급의 면학 분위기를 조성하고, 수업 준비물을 잘 챙기며, 수행평가를 잘 알려주는데 기여함. 환경오염과 기후변화에 관심이 높아 이를 해결하기 위한 방안으로 대체에너지 자원에 높은 관심을 가짐.

2학년	지구과학 I	자원, 에너지, 환경 분야에 높은 관심을 가지고, 지속가능한 발전 중 **메탄 하이드레이트에 관심을 가지고 탐구함**. 지구 기후변화의 다양한 원인에 남다른 호기심을 가지고 그 원인을 탐구하고 심도 있는 자료를 분석하여 보고서를 작성함. 이산화탄소를 제거하는 방법에 관심을 가지고 탐구하는 열정을 보임.
	물리 I	신재생에너지 연구원을 희망하고, **'초박형 태양관 셀'**과 **'투명한 태양광 패널'**의 쓰임새와 앞으로의 전망에 대해 발표함. 신재생에너지를 이해하기 쉽게 설명함. **'전기유변성 유체의 특징과 전기유변성의 원리'**를 주제로 발표함. 전기유변성 유체를 산업현장에서 활용하기 위해 항복응력에 대해 설명하는 등 산업 분야에 활용되는 예시를 소개하여 급우들을 이해시킴.
3학년	화학 II	녹색 화학의 12가지 원리, 녹색 화학의 예시와 의의 관점에서 친구들이 이해하기 쉽게 그림과 자료를 통해 설명함. 관심 분야인 신재생에너지와 녹색 화학을 연계하여 **벨루가 스카이세일스**로 연료 소비를 20% 이상 줄일 수 있음을 소개함. 인공광합성을 활용하여 자동차 연료가 될 수 있는 메탄올을 생산할 수 있는 예시를 소개함.
	생명과학 II	미생물 연료전지에 대한 글을 읽고, 폐수처리시스템에 적용하여 수질정화뿐만 아니라 전기를 생산할 수 있는 이점이 있음을 강조함. 효소에 대해 학습한 후 효소가 생활 속에서 활용되는 예를 조사하면서 **바이오매스를 활용한 신재생에너지 생산**에 관심을 가지고 보고서를 작성함.

➡ 에너지공학계열 추천도서와 탐구 주제 찾기

[에너지공학 추천도서]

  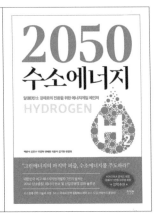

[에너지공학 탐구 주제 찾기]

과목	단원	탐구 주제
통합 사회	산업화, 도시화로 나타난 생활공간의 변화	수소자동차 운행이 도시 정화에 미치는 영향
	환경문제 해결을 위한 노력	플라스틱 재활용률을 높이는 방법 탐구
	자원과 지속가능한 발전	핵분열과 핵융합 발전 효율 비교
과학	원소들의 화학결합과 물질의 생성	핵분열 발전보다 핵융합 발전이 그린 택소노미인 이유
	신소재의 개발과 이용	레이지 핵융합 기술 탐구
	화학반응과 산화환원반응	인공광합성을 활용한 에너지 생산 탐구
	산과 염기 및 중화반응	물로부터 수소 생산 효율 극대화 방안 탐구
	태양에너지 생성과 전환	태양열과 태양광 에너지 효율 비교 탐구
	발전과 지구환경 및 에너지 문제	육상보다 해상 SMR 활용 시 장점 탐구
수학	함수(여러가지 함수)	환경에 따른 변수를 활용하여 에너지 효율 탐구
	함수(여러가지 함수)	전쟁으로 인한 에너지 불균형을 변형함수로 만들고 그래프의 특징 탐구
	경우의 수(순열과 조합)	도시가스의 성분인 메테인의 공유결합의 규칙성의 일반화 탐구

➡ 핵심 키워드로 알아보는 에너지공학

에너지, 고분자, 반응, 실험, 설계, 열역학, 변환, 전기, 물리학, 용액, 그리드, 태양, 디스플레이, 연료전지, 원자력, 핵공학, 시스템, 발전기, 전력, 동역학, 플랜트, 회로, 거동학 등

ⓐ DBpia에서 가장 많이 검색된 논문

  ㉠ 신재생에너지원인 수소연료전지의 원리와 응용, 대한전기학회

  ㉡ 신재생에너지 발전(태양광, 풍력, 소수력, 바이오가스)의 경제성 분석 연구, 한국태양에너지학회

  ㉢ 환경, 에너지 분야에서의 광촉매 활용기술, 한국진공학회

  ㉣ CO_2 배출, 원자력에너지, 신재생에너지 발전량과의 관계분석: 한국, 일본, 독일을 중심으로, 한국신재생에너지학회

  ㉤ 압전소자를 이용한 에너지 수확에 관한 연구, 한국동력기계공학회

ⓑ 시사를 활용한 탐구활동

고체 에너지 저장 장치   수소전해재료   리튬이온전지   화학촉매

유기 태양전지   슈퍼커패시터   태양전지

리튬이온전지
고성능 리튬이온 전지용 양극, 음극, 전해질소재 기술

discharge liquid rate electrolytes stable anode li life cycles cathode lithium electrolyte cycle sulfur battery electrode electrodes metal material electrochemical

출처 : 사이언스on(KISTI)

논문	전고체 전지용 양극재 합성 및 성능 향상 연구 (2021)
	전고체전지용 고-니켈 단일 입자 양극소재 (2021)
	리튬이온 전고체전지용 고체 고분자 전해질 제조 및 계면 특성 분석 (2021)

특허	전고체 전지 (2021)
	고체 전해질 전지용 음극 활물질 슬러리 및 그로부터 제조된 고체 전해질 전지용 음극(2018)
	배터리 및 이에 적용되는 집전체, 그리고 이러한 배터리를 포함하는 배터리 팩 및 자동차(2022)

보고서	전기자동차(EV) 전고체 이차전지 성능 향상 혁신 기술 개발 (2021)
	수소에너지 시스템 기술(수소에너지 시스템 기술)(2002)
	실리콘 기반 고용량 전고체 리튬 이온 전지의 구현 (2019)

동향	포항공대·울산과기원, 한 번에 630㎞ 주행 이차전지 개발(2022)
	네이처지 게재된 한국의 인공태양 KSTAR, 무엇이 특별한가(2022)
	차세대 배터리 '전고체전지' 출력성능 높이는 기술 개발 (2020)

출처 : 사이언스on(KISTI)

➡ 에너지공학에서 수강하는 대표 과목

[에너지공학과 대학에서 이수하는 교과]

교양필수	일반물리학, 물리학 및 실험, 일반화학, 화학 및 실험, 에너지공학개론, 컴퓨터프로그래밍, CAD, 미적분학, 선형대수
전공필수 및 전공선택	에너지변환시스템, 에너지계측공학, 신재생에너지, 에너지시스템설계, 열유체역학, 회로이론, 에너지재료기초, 원자력공학개론, 핵화학 및 재료, 보건물리, 열수력학, 원자로이론, 원자로동력학 및 제어, 원자력 안전공학, 발전플랜트계통공학, 전산열유체해석, 기계진동, 기계에너지실험, 전력시스템공학, 발전시스템제어, 스마트그리드공학, 전력변환, 프로젝트 및 세미나 등

[에너지공학과 진학에 도움이 되는 교과]

교과영역	교과(군)	공통과목	선택 과목	
			일반선택	진로선택
기초	국어	국어	화법과 작문, 독서, 문학, 언어와 매체	
	수학	수학	수학I, 수학II, 미적분, 확률과 통계	실용수학, 기하, 수학과제 탐구, 인공지능 수학
	영어	영어	영어회화, 영어I, 영어II, 영어 독해와 작문	
	한국사	한국사		
탐구	사회	통합사회		사회문제탐구, 사회과제연구
	과학	통합과학 과학탐구 실험	물리학I, 화학I	물리학II, 화학II, 과학과제탐구, 융합과학탐구, 고급물리학, 고급화학, 물리학 실험, 화학 실험
생활 교양	기술·가정		기술·가정, 정보	정보과학, 프로그래밍, 공학일반, 창의경영, 지식재산일반, 인공지능 기초
	교양		환경, 실용경제, 논술	

※ 별색 : 핵심 권장 과목

나노 및 신소재공학 진로 로드맵

⊙ 나노 및 신소재공학 합격자 선배들의 진로 로드맵과 세특

나노기술(nanotechnology, NT)은 향후 21세기를 선도해 나갈 수 있는 과학기술로써 전자정보통신, 환경 및 에너지, 바이오 등의 분야에서 필수적인 기술로 부각되었다. 특히 나노기술은 전형적인 고위험 고수익(High-Risk-High-Return)형 기술이기에 제조, 의약, 국방, 에너지, 운송, 통신, 컴퓨터, 그리고 교육 등 전 분야에 확대되고 있다. 나노기술은 극미세 기술을 활용하는 반도체 소자, 센서 등 정보 통신 분야 등을 비롯한 첨단 기술집약적 산업으로 확대될 전망이다.

다양한 나노입자 중에서 바이오진단에 가장 널리 사용되고 있는 선두주자는 금속 나노입자로 금 나노입자(gold nanoparticle, AuNP)가 있다. 금 나노입자는 크기와 모양에 따라 가시광선 영역에서 뚜렷한 흡광(absorption)과 산란(scattering)에 의한 표면 전자기 공명밴드(surface plasmon resonance, SPR) 현상이 일반 형광체에 비해 약 4~5배정도 크게 나타날 뿐만 아니라 형광물질에서 나타나는 감쇄현상(photobleaching)도 없어 널리 사용된다. 금 나노입자는 표면작용기의 도입이 쉽고, 원심분리에 의해 쉽게 농축 및 분리가 가능하며, 생체친화력과 안정성이 높기 때문에 DNA 상보결합 및 단일염기 다형성(single nucleotide polymorphism)분석, 면역검정법(immunoassay), 산성도 (pH) 측정, 중금속 이온 분석, 병원성 항원 측정(pathogenic detection), 단백질 활성 분석, 암세포 진단 등의 다양한 목적에 널리 이용되고 있다. 비색법 이외에도 금 나노입자 표면 위에 화학 표지물질을 부착시켜 이용할 수 있는 표면증강 라만분광법(surface-enhanced Raman scattering), 질량분석법(mass spectrometry), 전기화학적 측정법(electrochemical detection)도 금 나노입자의 효과적인 신호 증폭자로 사용된다.

결정구조의 차원 수에 따른 대표적 물질로는 플러렌(Fullerene), 탄소나노튜브(Carbon Nanotube), 그래핀(Graphene), 그라파이트(Graphite)가 있다. 그래핀은 우수한 물리적·전기적·기계적 특성을 가지고 있으나, 밴드갭이 없어 다양한 전자/광전 소자로 응용되기에는 한계가 있다. 최근에는 그래핀과 다른 소재를 복합한 하이브리드 물질이 다양한 산업 분야에 응용되고 있다. 나노 복합소재는 제품에서 필요로 하는 기능을 중심으로 광/전자 소재, 에너지/환경 소재, 생체/바이오 소재 등으로 분류된다. 기능성 제품으로는 전자파 차폐/흡수소재, 투명전극 소재, 센서 소재, 방열 소재, 발열소재, 전도성 필름, 슈퍼 캐퍼시터(Capacitor), 대전방지 코팅제, 나노잉크 등이 있고 다양한 분야에 응용되고 있다.

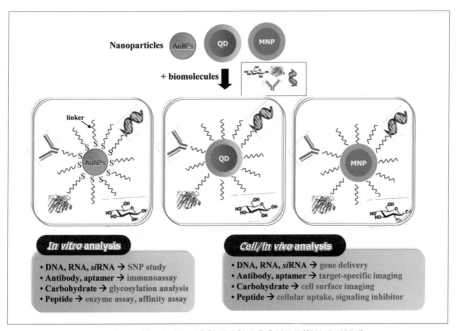

출처 : 나노입자와 생체분자간의 결합 및 이를 이용한 생물학적 응용연구들(한양대 김영필)

자율자동차의 출현으로 ITS(Intelligent Transportation System) 통신을 통한 차량 간 정보 공유와 고도의 지능정보처리가 요구되면서 향후 인접한 대역 간의 전자기파 간섭이 더욱 심화될 것으로 예상된다. 이러한 주파수 부족 현상을 해결하기 위해 수십 GHz 이상의 고주파수 대역으로 확장하려는 움직임이 있다. 이에 대응하기 위해 향후 수십 GHz 이상의 고주파수 대역까지 차폐할 수 있는 소재의 개발이 필요하다. 전자기파 간섭 차폐[Electromagnetic interference(EMI) shielding]는 전자부품에서 발생하는 전자기파를 반사 또는 흡수하여 전자기기 간의 전자기파 간섭을 차단하는 목적을 가진다. 이러한 전자기파 차폐 소재는 우수한 전기전도도를 가져야 하고 넓은 표면적을 가지는 것이 유리하다. 기존의 전자기파 차폐 소재는 주로 전기전도도가 우수한 금속으로 제조되었다. 하지만,

금속은 무게가 무겁고 가공성이 떨어지며 산화에 의한 부식을 일으키는 문제점이 있다. 이러한 문제를 해결하기 위해 최근에는 고분자에 전기전도도가 우수한 그래핀이나 탄소나노튜브와 같은 전도성 탄소 소재 등의 필러를 혼합하여 전자기파 차폐/흡수 소재를 개발하고 있다. 전기전도도가 우수한 고분자 복합소재는 가볍고, 가공성이 우수하며, 혼합된 필러의 종류 및 양에 따른 기계적·전기적 특성의 제어가 용이하다는 장점이 있다.

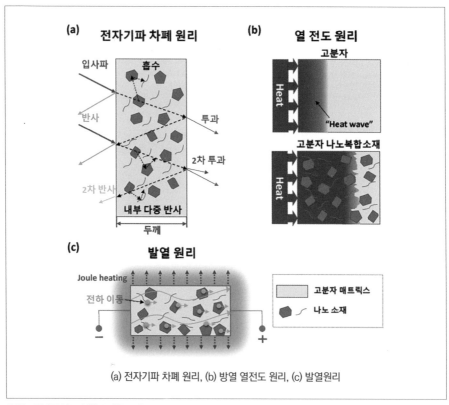

(a) 전자기파 차폐 원리, (b) 방열 열전도 원리, (c) 발열원리

출처 : 고분자 나노 복합소재(ETRI)

[나노 및 신소재공학 진로 로드맵]

구분	고등1	고등2	고등3
자율 활동	과제연구 이해 특강 참여, 생명과학캠프 참가	융합과학탐구토론 캠프 참여, 화학실험토론 캠프 참여	과학 멘토링 참여
동아리 활동	과학탐구토론동아리		
	멘톨 특성을 활용한 졸음 퇴치제 제작, 금속의 산화 방지를 위한 최적의 조건 탐구	화학분자 구조를 이해하고자 분자모형 모델링 프로그램 활용	뷰렛의 미세한 조절을 위한 콕으로 미세톱니바퀴를 활용한 방법을 제안함.
진로 활동	탈핵전문가 특강 참여, 양자공학 전문가 특강 참여, 핵자기공명분광법 조사	학과탐방 및 실험실 탐방, 유기화학실험의 중요성 인식	과학실험캠프에서 멘토로 참여하여 2학년 학생들을 멘토링함.
특기 활동	MBL과 아두이노 학습 미로를 통과하는 로봇 제작		천연 모기 퇴치제 제작

[창의적 체험활동]

구분		창의적 체험활동상황
2학년	자율 활동	융합과학탐구토론 캠프에 참여하여 핵융합 연구장치인 토카막이 플라즈마와 자기장을 이용하여 열을 보존하는 방식에서 아이디어를 얻어 '자기장 범퍼카'를 구상. 자기장의 척력을 활용하면 외벽에 부딪히지 않고 더 재미있게 이용할 수 있을 것이라고 제시함. 화학실험토론 캠프에 참여하여 실험 전 유의사항을 파악하여 조원들에게 수산화나트륨의 질량을 측정할 때 조해성으로 인해 약 종이가 들러붙는다는 것을 사전에 알려주어 정확하게 질량을 측정할 수 있는데 기여함. 실험과정 중 조원이 콕을 너무 오랫동안 개방하여 오차가 발생함. 다시 중화적정할 수 있도록 안내하여 문제점을 해결하는 데 기여함.
	진로 활동	유기화학실험실을 탐방하여 탄소공학, 생화학을 탐구함. **OLED와 QLED TV 중 어느 것이 더 선명하고 눈의 피로가 덜한지 알아보는 시간을 가짐.** 양자점이라는 나노미터 크기의 물질을 활용한 디스플레이가 더 선명한 화질을 얻는다는 사실을 알고 나노기술에 관심을 갖는 계기가 되었다고 함.
3학년	동아리 활동	동아리 회장으로 동아리 계획을 수립하고 총괄 운영하는데 기여함. 중화적정 실험 수업에서 뷰렛의 콕의 잠기는 과정에서 실수하는 학생들이 많고 미세하게 조절하는 것에 어려움을 느끼는 학생들을 위해 **미세톱니바퀴로 콕을 조절할 수 있으면 좋겠다는 아이디어를 제시함.** 이후 교내 3D프린터를 활용하여 직접 제작해보면서 단점을 보완하는 열정을 보임. 이 과정을 통해 모델링하는 방법과 3D프린터 조작방법을 정리하여 활용 매뉴얼을 제작하여 기기와 함께 비치함.

[교과 세특]

구분		세부내용 및 특기사항
1학년	과학	분자구조의 공유결합에서 암모니아, 메테인의 분자구조를 점자식으로 표현하면서 흥미를 느끼고, 일산화탄소, 황산, 포도당 구조를 그려보고 확인하는 모습을 보임. 분자량과 분자운동 속도를 실험을 통해 구해보는 과정에서 열정을 보이고, 이후 분자량에 따른 운동속도 그래프를 그려보고 이를 이해하는 모습을 보임. 신재생에너지 중 핵융합 발전에 높은 관심을 가지고 **핵분열 원자로와 핵융합 원자로의 장단점을 비교 분석**하여 발표함.
2학년	확률과 통계	원소의 주기율표에서 이온화에너지와 전자친화도에 대한 구분을 하는 방법을 원자핵과 최외각전자수, 전자의 반발력으로 설명함. 주기율의 경향성을 한눈에 파악할 수 있도록 3D프린터로 **주기율표 블록 교구를 제작**함. 특히, 물이 극성으로 분류되는 이유를 설명하기 위해 수소 원자와 산소 원자의 전기음성도 차이가 크다는 점을 블록을 통해 확인할 수 있도록 구성한 점이 돋보임. 또한 자신이 모르는 미지의 물질을 전기음성도 차이를 통해 극성의 정도를 비교·분석하고 끓는점과 어는점을 비교·분석할 수 있음.
	과학 과제	**'석유아스팔트를 이용한 3D프린터 잉크 제조에 관한 연구'**라는 다소 어려운 주제를 가지고 조원들을 잘 이끌어 실험을 진행하며 막히는 부분은 선생님들의 조언을 구해가며 해결하는 모습을 보임. 아스팔트 피치를 필라멘트 제조에 활용한다면 비용이 적게 들고, 타르색소를 통해 다양한 색깔까지 표현할 수 있다는 것을 파악하고 실험에 임함. 아스팔트에서 분리하고 남은 찌꺼기인 '아스팔텐'으로부터 발암물질이 발생한다는 지적을 받고, 진공 건조과정을 통해 생산하여 실험자에게 노출되지 않도록 하며, 고체 찌꺼기의 부피를 줄이고 회수를 쉽게 할 수 있다는 대안을 제시함.
3학년	과학 융합	나노기술에 관심을 가지고 **'나노기술의 다음 단계'**를 주제로 발표함. 탄소나노튜브를 이용한 양자컴퓨터 개발 등 반도체의 성능을 극대화할 수 있는 사례를 소개함. 전자 스핀 운동을 연구하던 중 천문학자의 도움을 받아 그 운동이 세차운동임을 규명하게 된 사실을 구체적인 사례를 제시하여 학생들의 이해를 도움. 반도체의 성능을 극대화할 방법으로 스핀 소자를 활용하는 방법이 있다는 것을 알게 되면서 소자의 중요성을 깨닫게 되었다고 함.

➡ 나노 및 신소재공학계열 추천도서와 탐구 주제 찾기

[나노 및 신소재공학 추천도서]

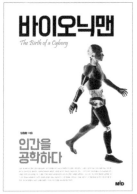

[나노 및 신소재공학 탐구 주제 찾기]

과목	단원	탐구 주제
통합 사회	자연환경이 인간의 생활에 미치는 영향	핸드폰 진동 측정기 어플로 지진계 활용방법 탐구
	산업화, 도시화로 나타난 생활공간의 변화	아파트 층간 소음 최소화 방안 탐구
	자원과 지속가능한 발전	신재생에너지공급 의무화(RPS) 필요성 탐구

	신소재의 개발과 이용	나노로봇에 활용되는 신소재 탐구
과학	역학적 시스템과 안전	압전소자를 활용한 에너지 재활용 탐구
	에너지의 전환과 효율적 이용	나노 와이어를 활용할 경우 에너지 전환 효율 비교 탐구
	태양에너지 생성과 전환	태양광 발전 효율을 높일 수 있는 나노표면 처리 탐구
	발전과 지구환경 및 에너지 문제	인공광합성을 활용한 에너지 생산 효율 탐구
수학	다항식	극미세 나노기술을 활용한 사례 탐구
	경우의 수(순열과 조합)	센서를 활용한 스마트 장갑의 원리 탐구
	도형의 방정식(도형의 이동)	프랙탈 차원을 활용한 패턴의 정보량과 엔트로피 탐구

➡ 핵심 키워드로 알아보는 나노 및 신소재공학

나노, 소자, 소재, 재료, 광학, 물리, 바이오, 화학, 양자, 디바이스, 전자, 유기, 무기, 반도체, 에너지, 세라믹, 고분자, 투명, 스핀, 발전, 물리, 첨단, 전자기학, 특성, 공정, 구조, 원자

① DBpia에서 가장 많이 검색된 논문
   ㉠ In situ 나노물성분석시스템을 활용한 나노신소재 및 환경에너지 분야 응용연구, 한국고분자학회
   ㉡ 탄소나노튜브의 신소재로서의 가능성, 한국섬유공학회
   ㉢ 플라즈마 나노신소재 제조/처리 공정 및 응용, 한국재료학회
   ㉣ 나노기술을 이용한 약물전달시스템, 한국생물공학회
   ㉤ 그래핀과 탄소나노튜브 나노유체의 열전도도 특성 비교연구, 한국태양에너지학회

② 시사를 활용한 탐구활동

출처 : 사이언스on(KISTI)

논문	나노 입자의 플라즈모닉 현상 증폭을 위한 나노구조 표면과 제작방법에 관한 연구(2022)
	은 나노 와이어 전극의 대면적 전사를 위한 롤 투 롤 공정(2022)
	이차원 유전체 나노시트의 개발 동향(2022)
특허	나노 섬유, 나노 섬유의 제조 방법 및 마스크(2017)
	Nano composite photocatalytic coating (2003)
	전도성 투명 나노-코팅 및 나노-잉크를 제조하는 방법과 이에 의하여 제조된 나노-분말 코팅 및 잉크(2004)
보고서	TiO_2 코팅된 복합탄소나노섬유의 전자빔 처리에 의한 광촉매 활성 향상 (2010)
	나노소재 및 나노소자의연구동향 및 최근 정책 방향 조사(2008)
	초임계 이산화탄소에 의해 제조된 나노크기의 이산화티탄에서의 기상 및 액상 광촉매 반응에 관한 연구 (2003)
동향	양자소자 개발 가능성 큰 신물질 합성 성공(2022)
	UNIST "6G 통신용 특성 지닌 새 메타표면 개발(2022)
	물·태양광만으로 이산화탄소를 메탄 등 유용 연료로 바꾼다 (2021)

출처 : 사이언스on(KISTI)

➡️ 나노 및 신소재공학에서 수강하는 대표 과목

[나노 및 신소재공학과 대학에서 이수하는 교과]

교양필수	일반물리학, 물리학 및 실험, 일반화학, 화학 및 실험, 미적분학, 신소재공학개론
전공필수 및 전공선택	반도체공학, 반도체공정, 반도체소자, 세라믹재료, 재료현대물리, 재료전자기학, 광전자소자, 결정구조 및 X선회절, 재료나노물성, 신소재강도학, 상변태학, 박막재료공정, 나노신소재, 재료열역학, 유기재료, 유기전자재료 및 응용, 무기재료화학, 금속재료공학, 재료조직학, 재료분석실험, 이차전지공학, 에너지전기화학, 복합공정개론, 플라즈마공정 및 장비, 광학기초, 디스플레이공학, 재료계면과학, 프로젝트 및 세미나 등

[나노 및 신소재공학과 진학에 도움이 되는 교과]

교과영역	교과(군)	공통과목	선택 과목	
			일반선택	진로선택
기초	국어	국어	화법과 작문, 독서, 문학, 언어와 매체	
	수학	수학	수학I, 수학II, 미적분, 확률과 통계	실용수학, 기하, 수학과제 탐구, 인공지능 수학
	영어	영어	영어회화, 영어I, 영어II, 영어 독해와 작문	
	한국사	한국사		
탐구	사회	통합사회		사회문제탐구, 사회과제연구
	과학	통합과학 과학탐구 실험	물리학I, 화학I	물리학II, 화학II, 과학과제탐구, 융합과학탐구, 고급물리학, 고급화학, 물리학 실험, 화학 실험
생활 교양	기술·가정		기술·가정, 정보	정보과학, 프로그래밍, 공학일반, 창의경영, 지식재산일반, 인공지능 기초
	교양		환경, 실용경제, 논술	

※ 별색 : 핵심 권장 과목

섬유 및 디스플레이공학 진로 로드맵

➡️ 섬유 및 디스플레이공학 합격자 선배들의 진로 로드맵과 세특

의복은 인간의 삶에서 매우 중요하며, 가장 오랜 시간 붙어있는 인체 친화적인 소재다. 초창기 의복의 주된 목적은 거친 외부환경으로부터 착용자의 신체를 안전하게 보호하는 것이었지만, 최근 들어서 신체의 물리적 보호뿐만 아니라 다양한 기능이 융합된 기능성 스마트 의류가 차세대 ICT의 핵심으로 입지를 굳혀 나가고 있다. 스마트 텍스타일이란 고품질, 고성능의 섬유, 하이엔드 텍스타일 제조 등 타 기술과의 융합을 통해 다양하고 높은 기능성을 갖는 섬유 소재 및 제품이다. 이러한 스마트 텍스타일은 단순한 기능성이 부여된 섬유부터 2가지 이상의 복합 기능성이 부여된 섬유를 거쳐 현재는 IT(information technology), NT(nano technology) 등 타 기술과의 융합을 통해 주변 환경을 감지하고 그 변화에 따라 능동적으로 대응할 수 있는 형태로 발전을 거듭하고 있다.

스마트 텍스타일의 초창기 제품들은 ICT 기기를 의류 제품에 단순히 부착하거나 직접 착용하는 수준이었지만, 최근에는 이를 섬유제품에 내장하는 수준까지 발전하였다. 전도성 섬유를 이용한 압력 센서, 온도 조절이 가능한 발열 섬유, 각종 생체 신호를 모니터링할 수 있는 직물 등이 개발되고 있다. 직물 기반의 발광 의류는 LED 소자를 활용한 방식이었으나, 매우 낮은 해상도만 가능하다는 단점들이 존재하였다. 이후 초기 방법의 단점을 보완하고자 직물에 부착된 LED를 연결하는 유연한 커넥터가 개발되었다. 광섬유를 활용하여 발광 의류를 개발하는 방식이었다. 본래 광섬유는 전반사 효과를 통해 빛을 손실없이 전송하여 광 통신에 활용되는 목적으로 개발되었으나 발광 의류를 개발하는 연구자들은 광섬유의 클래딩층에 손상이 발생했을 때 손상된 부분에서 전반사 현상이 억제되어 빛이 광섬유 밖으로 나오는 현상에 착안하여 광섬유를 활용한 발광 의류를 개발하였다.

최근 차세대 디스플레이 소자로 주목받고 있는 유기 발광다이오드(Organic Light Emitting Diode, OLED)를 직물 기반의 디스플레이에 적용하고자 하는 연구가 시도되고 있다. OLED는 소자의 총 두께가 수백 nm정도로 매우 얇고, 기계적으로 유연성이 뛰어난 유기물질을 기반으로 이루어져 있어 매우 높은 유연성과 기계적 안정성을 동시에 만족하기 때문에 직물 기반의 의복 형태로 제작되어도 착용자의 불편함을 최소화할 수 있다. 또한 스스로 빛을 낼 수 있는 자발광 소자로 별도의 광원이 필요 없고, 인체에 무해할 정도의 낮은 전압 범위에서 동작이 가능하며, 높은 휘도를 만들어 낼 수 있다는 장점이 있다.

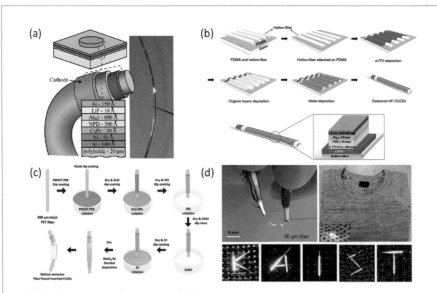

(a) An illustration of a fiber-based OLED structure and its photograph,
(b) Schematic of the fabrication process of the hollow-fiber shaped organic light emitting diodes(HF-OLED),
(c) Schematic illustration of the proposed fabrication scheme on cylindrical fibers,
(d) Demonstration of fiber OLEDs hand-woven into textiles

출처 : Fiber-based OLED displays(한국외류산업학회지, 2021)

[섬유 및 디스플레이공학 진로 로드맵]

구분	고등1	고등2	고등3
자율 활동	학급 특색활동 참여 에너지 지킴이 활동	과학 멘토링 참여, 화학실험토론 캠프 참여	과학 멘토링 참여
동아리 활동	화학탐구토론동아리		
	나일론 합성 실험, 섬유 축전지 탐구	PET분해 효소 탐구, 생분해성 플라스틱 제조 실험	플렉시블 디스플레이 소재 탐구
진로활동	합성수지의 특징과 제조법 탐구	플라스틱 재활용 방법 탐구, PET섬유 활용성 탐구	섬유 디스플레이 활용 탐구
특기활동			전자섬유의 시대 융합형 탐구

[창의적 체험활동]

구분		창의적 체험활동상황
3 학 년	진로 활동	**'섬유 디스플레이 활용'을 진로 발표 주제**로 선정하여 스마트 직물 디스플레이는 습도, 온도, 심장박동 등을 감지하는 용도로 활용이 가능하다는 점과 섬유의 굵기는 머리카락과 비슷한 0.1㎜로 구현하여 선명도를 높일 수 있어 깨질 염려 없이 외부에 편리하게 활용할 수 있을 것이라고 발표함. 섬유 디스플레이를 보안용으로 사용하는 등 그 활용 가능성이 매우 높을 것이라고 더 탐구하고 싶다고 의지를 보임.

[교과 세특]

구분		세부내용 및 특기사항
1 학 년	과학	그래핀과 탄소나노튜브를 학습한 후, 탄소나노튜브는 에너지를 저장할 수 있으며 유연한 소자라는 것을 알고, 이를 활용한 **'유연섬유 배터리'**를 주제로 발표함. 탄소나노튜브 양면 모두 전기를 수용할 수 있어 기존 리튬 배터리에 들어가는 흑연의 수용 능력보다 3배 정도 높아 가벼우면서 더 많은 전기를 저장할 수 있다는 장점을 소개함. 특히, 충격에 의해 화재가 발생하는 문제점도 해결할 수 있는 대안이 될 것이라고 발표함.
2 학 년	한국 지리	부산에서 섬유산업이 발달한 이유를 조사하면서 섬유 산업에 많은 물이 사용된다는 점과 생산된 섬유가 해외로 수출되어야 하기에 항구와 가까운 곳에 있다는 것을 이해함.

2학년	생활과 과학	3대 합성섬유를 학습한 후 패스트 패션으로 섬유 폐기물이 해마다 920만 톤이 매립되거나 소각되어 환경에 큰 피해를 준다는 사실을 알게 되고, 이를 해결할 방법을 탐구함. 조사 중 '썩는 PET섬유가 있다고?'라는 기사를 보고, 어떻게 가능한지 궁금하여 조원들에게 탐구해볼 것을 제안하여 자료를 조사하는 역할을 수행함. 기존 PET에 생분해가 가능한 바이오매스를 섞은 후 특수 반응설비를 통해 두 원료의 장점이 발현될 수 있도록 하여 생분해가 가능한 섬유를 제조할 수 있음을 알게 됨. 특히, 매립 시 3년 이내에 생분해된다는 특징이 있음을 강조하며 이런 소재의 옷을 구매할 것을 당부하는 모습까지 보임.
3학년	화학II	그래핀의 활용에 대해 학습한 후, 반도체 재료로 그래핀과 실리콘 카바이드의 물리적인 물성과 소자 응용에 관심을 가지고 '그래핀의 합성, 물성 및 소자 응용 기술', '탄화규소 반도체 특성 및 연구 동향 분석' 심화 자료를 참고하여 '그래핀과 실리콘 카바이드의 반도체 재료 특성'이라는 주제로 발표함. 그래핀은 다이아몬드에 버금가는 경도를 지니며, 높은 온도와 전압에서도 제 기능을 수행할 수 있어 플렉시블 반도체 재료로 사용할 수 있음을 알게 됨. 투명한 디스플레이로 활용한다면 미관상 이쁘면서 더 다양한 곳에 활용할 수 있을 것으로 예측하고 이를 탐구하려는 포부를 밝힘.

➡ 섬유 및 디스플레이공학계열 추천도서와 탐구 주제 찾기

[섬유 및 디스플레이공학 추천도서]

[섬유 및 디스플레이공학 탐구 주제 찾기]

과목	단원	탐구 주제
통합 사회	자연환경이 인간의 생활에 미치는 영향	섬유 센서를 활용한 유아 상태 파악 가능성 탐구
	환경문제 해결을 위한 노력	섬유를 재활용하여 활용할 수 있는 분야 탐구
	자원과 지속가능한 발전	탄소나노튜브를 활용한 에너지 저장 효율 탐구
과학	신소재의 개발과 이용	PET섬유 재활용 분야 탐구 고강력 열방성 액정 폴리에스터 섬유 탐구
	전기에너지의 생산과 수송	탄소나노튜브를 활용한 에너지 저장 효율 탐구
	에너지의 전환과 효율적 이용	CNT하이브리드 나노섬유 전극 활용 시 에너지 효율 탐구
	태양에너지 생성과 전환	나노섬유 기반 유연태양전지 효율 탐구
	발전과 지구환경 및 에너지 문제	저비용 염료감응 태양전지 효율 탐구
수학	방정식과 부등식(복소수)	양자역학의 허수의 활용을 조사하고 스마트폰, 태블릿 PC의 전자 회로판 탐구
	도형의 방정식(도형의 이동)	스마트 섬유의 그래프 원자 배열 탐구
	도형의 방정식(도형의 이동)	프랙탈 기하학을 이용하여 변형이 가능한 벌집 구조 조사

🡢 핵심 키워드로 알아보는 섬유 및 디스플레이공학

디스플레이, 고분자, 재료, 정보, 반도체, 소자, 회로, 결정구조, 전자회로, 연료전지, 에너지, 결정, 합성법, 무기, 모니터, 물리, 세라믹, 부품, 항공, 광학

ⓐ DBpia에서 가장 많이 검색된 논문

    ㉠ 광섬유를 활용한 감성디스플레이, 한국컴퓨터그래픽스학회

    ㉡ Poly(3,4-ethylenedioxythiophene) (PEDOT)을 이용한 전기변색 소자의 flexible 디스플레이, 한국섬유공학회

    ㉢ 직물화 방식에 따른 유연 광섬유 직물 디스플레이의 발광효과에 관한 연구 : Green 광원을 중심으로, 한국색채학회

    ㉣ 감성지향 인터랙티브 개념을 활용한 텍스타일 연구, 한국디자인문화학회

    ㉤ 전기방사법으로 제조된 PAN/PVdF 복합나노섬유의 특성연구, 대한전자공학회

ⓑ 시사를 활용한 탐구활동

출처 : 사이언스on(KISTI)

논문	직물화 방식에 따른 유연 광섬유 직물 디스플레이의 광원 색채별 발광효과에 관한 연구(2013)
	유연광섬유 직물 디스플레이의 발광효과 분석 연구 - 자수방식의 직물화기법을 중심으로(2017)
	플라스틱 광섬유를 이용한 측면 발광형 디스플레이 구현(2007)
특허	유연 발광섬유를 이용한 라이트 북(2020)
	파장 변환이 가능한 광섬유 및 이를 사용하는 백라이트 유닛(2017)
	광 섬유를 이용한 2차원 영상 디스플레이 장치(2022)
보고서	유리섬유강화 투명 나노복합체 및 디스플레이 기판 개발(2014)
	탈부착 배터리 내장형 광섬유 스마트 교통안전 디스플레이 패치 신제품 개발(2019)
	플렉시블 디스플레이 기판 및 스마트폰 커버 윈도우용 유리섬유 직물이 함침된 무색투명 폴리이미드 필름
동향	머리카락보다 얇은 실 위에 흰색 빛 내는 섬유 OLED 기술 구현(2022)
	스마트 의류가 시각과 청각을 만족시킨다(2021)
	전자 코 활용해 냄새로 범죄자 찾는다(2020)

출처 : 사이언스on(KISTI)

➡️ 섬유 및 디스플레이공학에서 수강하는 대표 과목

[섬유 및 디스플레이공학과 대학에서 이수하는 교과]

교양필수	일반물리학, 물리학 및 실험, 일반화학, 화학 및 실험, 미적분학, 정보디스플레이개론, 디지털회로개론, 전산개론 및 실습
전공필수 및 전공선택	전자회로, 디스플레이시스템, 디스플레이 회로, 공학수학, 전자기학, 양자물리학, 유기화학, 고분자재료, OLED, 발광디스플레이, 반도체, 반도체소자, LCD, LCD광학, 박막 및 소자공정기술, 유기전자공학, TFT소자 및 시스템시뮬레이션, 섬유고분자화학, 섬유재료학, 섬유화학분석, 기능성섬유제품 및 설계, 섬유제품공학, 프로젝트 및 세미나 등

[섬유 및 디스플레이공학과 진학에 도움이 되는 교과]

교과영역	교과(군)	공통과목	선택 과목	
			일반선택	진로선택
기초	국어	국어	화법과 작문, 독서, 문학, 언어와 매체	
	수학	수학	수학Ⅰ, 수학Ⅱ, 미적분, 확률과 통계	실용수학, 기하, 수학과제 탐구, 인공지능 수학
	영어	영어	영어회화, 영어Ⅰ, 영어Ⅱ, 영어 독해와 작문	
	한국사	한국사		
탐구	사회	통합사회		사회문제탐구, 사회과제연구
	과학	통합과학 과학탐구 실험	물리학Ⅰ, 화학Ⅰ	물리학Ⅱ, 화학Ⅱ, 과학과제탐구, 융합과학탐구, 고급물리학, 고급화학, 물리학 실험, 화학 실험
생활 교양	기술·가정		기술·가정, 정보	정보과학, 프로그래밍, 공학일반, 창의경영, 지식재산일반, 인공지능 기초
	교양		환경, 실용경제, 논술	

※ 별색 : 핵심 권장 과목

PART
4

스마트도시건축계열
진로 로드맵

어떤 성향이
이 계열에 잘 맞을까?

  이 계열을 희망하는 학생들은 스마트 도시, 친환경 도시, 원활한 교통시스템에 높은 관심을 가진 친구들이다. 특히, 자율주행차가 운행되기 위한 스마트 교통시스템과 드론택시, 자율택시가 운행할 수 있는 차세대 지능형 교통시스템(C-ITS)에 관심을 가지고 탐구한다. 또한 에너지 효율이 높은 패시브 하우스나 제로 에너지 하우스에 관심을 가지고 탐구한다. 이 기술은 온실가스 감축에 기여할 수 있는 친환경 에너지 정책과 연계되기에 앞으로 널리 활용될 것이며, 여기에 주택의 천장과 유리, 벽에서도 발전할 수 있는 소규모 발전소로 활용될 것이다. 그리고 자동차가 운행되는 도로에 압전발전을 이용하여 전기를 생산하면서 안전사고를 예방할 수 있는 다양한 기술들이 접목되는 것에 관심을 가진 친구들에게 이 계열이 적합하다.

  학교에서 수학 및 과학탐구대회(과제탐구활동)에 적극적으로 참여하여 궁금한 문제에 대한 해답을 스스로 해결하는 모습을 보여준다. 환경과 지구온난화에 높은 관심을 가지고, 친환경 에너지에 관심을 가지고 탐구를 한다. 물리학II를 학습하여 구조역학에 대한 이해가 높아야 한다. 그리고 실험 및 탐구활동을 하고 난 후 실패한 이유를 조사하여 추가로 탐구한다면 좋을 것이다.

[스마트도시건축계열 진로 로드맵]

구분	중등	고등1	고등2	고등3
자율 활동		학급 자율 탐구활동		
		선후배 연합탐구활동		
동아리 활동	과학실험동아리 활동	과학실험동아리		
	수학주제 탐구활동	과학시사토론동아리		
진로 활동	스마트 건축 견학	실험실/연구실 탐방, 건축/토목 연구원과의 만남		진로심화탐구
	태양광발전 실험	서울대 이공계 캠프, 카이스트/포스텍 과학캠프		
특기 활동	과학영재교육원 이수	압전소자 발전 탐구, 철도박물관 견학, 교통공사 안전체험		

※ K-Girls Day를 통해 기업·연구소·대학 체험활동 프로그램 활용 가능

고등학교를 입학하기 전 자신의 진로를 파악하는 것이 중요하다. 그래야 영재고, 과학고, 과학중점학교 등 어떤 고등학교가 본인에게 잘 맞을지 알 수 있다. 특히, 영재고, 과학고를 희망하는 경우 중1 때 진로가 결정되면 건축박람회 견학을 통해 친환경 건축 소재와 구조를 알아보면서 꿈을 키워나가는 것이 좋으며, 철도박물관 견학을 통해 새로운 모빌리티를 탐구하면서 하이퍼루프에 대해 알아보면 좋을 것이다.

2025년 고교학점제가 시행되면 일반선택 및 진로선택과목은 A, B, C 성취도로 성적을 기재하므로 성적으로 학생을 평가하는 데 한계가 있다. 따라서 건축·토목 진로가 정해지면 미적분, 기하, 물리학II, 물리학 실험, 화학II, 화학 실험을 선택하여 관련된 이론적 지식뿐만 아니라 실험 탐구활동을 통해 관련 지식을 쌓을 수 있다. 교통·철도 진로가 정해지면 미적분, 기하, 물리학II, 물리학 실험,

정보과학, 프로그래밍을 선택하여 새로운 교통시스템을 알아보면서 자율주행 시스템을 탐구하면 좋을 것이다. 이렇게 다양한 활동을 챙기면서 공부는 언제 해야 하는지 문의하는 사람이 많다. 시험기간 1달 정도는 성적을 챙기고, 그 기간 동아리활동은 실험보다는 진로독서 및 주제발표 활동을 위주로 1주에 1명씩 돌아가면서 한다면 시간도 빼앗기지 않는다. 그리고 시험 이후나 방학을 이용하여 장기적인 실험을 진행할 수 있어 성적과 활동 두 마리 토끼를 잡을 수 있을 것이다.

진로 로드맵에 자율활동, 동아리활동, 진로활동, 특기활동(개인별 세특, 독서 등)을 구체적으로 어떻게 진행할 것인지를 기록한다면 시간을 효율적으로 활용할 수 있으며, 진로에 맞는 일관된 활동을 할 수 있다. 그러면 비교과에 집중하다 교과성적이 떨어지는 실수를 하지 않을 것이다. 또한 모든 과목을 진로와 연계하여 선택하지 않을 것이다. 융합인재를 선호하기 때문에 물리 분야뿐만 아니라 기하, 인공지능 수학, 기술 과목에서 자신의 진로 분야 스토리를 담으면 좋을 것이다.

선배들의
진로 로드맵 엿보기

도시공학 진로 로드맵

➡ 도시공학 합격자 선배들의 진로 로드맵과 세특

UN은 2050년까지 세계 인구가 50억 명에서 90억 명으로 매우 증가하고, 도시화율은 약 70%에 이를 것으로 예상하고 있다. 급속한 도시화로 인해 인구와 자원 소비가 도시에 집중되면서 미세먼지, 교통 혼잡, 물 부족, 재난 등 각종 사회문제가 심화하고 있으며, 이는 도시의 지속 가능성에 큰 위협으로 작용하고 있다. 이러한 문제를 해결하고 도시의 지속가능한 번영을 위한 새로운 대안으로 스마트시티에 주목하고 있다.

스마트시티는 기술적 부문뿐만 아니라 인적자원 부문, 제도적 부문, 혁신성 부문 등으로 구성된다. 국내 스마트시티 유형별 단어들의 빈도 분포 결과를 살펴보면 2004년 스마트시티 사업 초기에는 인프라 부문이 가장 큰 비중을 차지하지만, 점진적으로 감소하는 형태를 보여주고 있다.

구분	기술적 부문	인적자원 부문	제도적 부문
기반요소	기술 융복합 기반	혁신성 기반	거버넌스 기반
세부요소 예시	- 도로, 교량 등 물리적 기반 시설 - 통신망 등 정보통신 기반 시설 - 사물인터넷, 인공지능, 빅데 이터 등 정보통신 기술 - 플랫폼 등 시스템	- 창의적 교육 - 혁신적 직업 - 개방적 마인드 - 공공부문의 적극적 참여 - 집단지성	- 부처 간 적극적 협업 - 정책 및 제도 - 정부투명성 - 정책 결정에서의 시민참여 확대 - 민관 협력

출처 : 이재용 외 (2016a, p.16), Nam, Pardo(2011) Figure 2(p.288) 내용 재구성

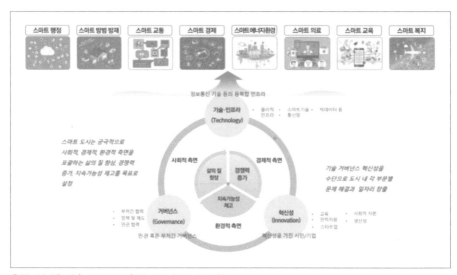

출처 : 이재용 외 (2016a, p.31) 일부 수정, 국토연구원

스마트시티 리빙랩은 시민들이 모여 도시의 문제를 직접 발굴하고, 이를 민간의 스마트 기술로 해결하는 일련의 과정이다. 리빙랩은 사람 중심의 스마트시티를 조성하기 위한 핵심요소이다. 우리 정부는 시민, 기업, 지자체 등 다양한 주체가 협력하여 스마트시티를 조성할 수 있도록 리빙랩을 운영하고 있다.

스마트시티 통합플랫폼은 지자체가 개별적으로 운영중인 방범, 방재, 교통 등 각종 정보시스템을 통합플랫폼에 연계하여 도시관리의 효율성을 높이기 위한 사업이다. 특히, 112, 119, 재난망, 그리고 사회적 약자 지원서비스를 통합플랫폼과 연계하여 도시를 더욱 안전하고 편리한 생활공간으로 만드는데 기여한다.

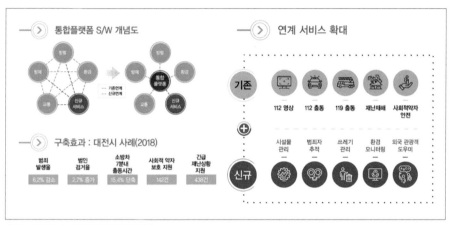

출처 : 코리언 스마트시티(국토교통부)

차량의 자율주행기능을 지원하기 위해 V2X로 대표되는 C-ITS가 필요하다. C-ITS 기반 교통체계 효율성에서 가장 먼저 효과를 기대할 수 있는 분야는 교통안전이다. 대부분의 교통사고 원인은 안전운전 미이행 등 인적요인(human errors)에 있다. 반면 사고유형은 차 대 차(V2V), 차 대 단독(차 대 시설), 차 대 보행자 사고에서 알 수 있듯이, 차량(운전자), 인프라, 보행자 간 상호 원인에 의해 발생한다. 이를 고려하여 실시간으로 변하는 도로 및 교통환경, 운전자행태(부주의) 등으로 발생하는 불가피한 교통안전 문제에 대한 근본적인 해결방안으로 C-ITS를 구축하고 있다. ADAS는 개별 자동차의 안전주행을 지원하는 것이지만, 스마트도로 시스템은 해당 도로의 지점·구간 → 교통축(traffic corridors) → 네트워크(network) 차원의 연계된 도로 환경을 실시간으로 모니터링하면서 안전하게 교통을 운영하고 관리하는 데 이용된다.

Levels	자율주행 시스템	스마트도로 시스템
0	수동운전(경고는 제시)	포장도로(교통안전표시)
1	횡방향 또는 종방향 제어 지원	일방향 연계 센터 중심 사후관리
2	횡방향과 종방향 제어 지원	양방향 연계 현장 중심 사전관리
기능의 전환	운전자 지원 가능 → 자율주행차의 제어 가능	도로주행 지원 가능 → 스마트도로 시스템의 연계·제어 기능
3	조건부 자율주행	디지털 모빌리티, 핵심 능동적 교통운영 제어
4	고도화된 자율주행	협력형 모빌리티, 혼합류 교통운영 제어
5	완전 자율주행	통합 모빌리티, 도시통합 모빌리티 관리

출처: : 강경표 2018.(국토교통부)

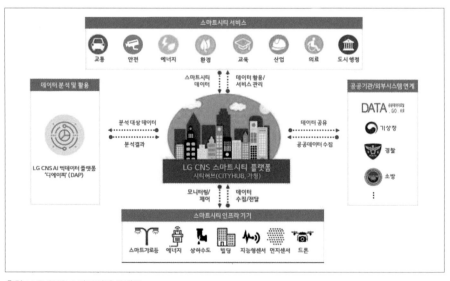

출처 : LG CNS 스마트시티 플랫폼

[도시공학 진로 로드맵]

구분	고등1	고등2	고등3
자율 활동	과학탐구활동으로 우유로 천연 플라스틱 제조	영국처럼 대학과 도시가 연계된 시스템의 장점 탐구	도시 환경문제에 관심을 가지고 친환경적인 도시 설계
동아리 활동	역사동아리	건축동아리	
	조선의 통치체제 마인드맵, 도시가 발달된 지역 탐구	마을 만들기 프로젝트 참여, 아치, 돔, 볼트 구조 탐구 내가 살고 싶은 집 그리기	생태도시 탐구, 도시의 녹지면적이 증가함에 따른 환경영향평가 조사
진로 활동	건축사 강의 참여, 도시공학과 학과 체험	도시계획가에 관심을 가지고 건축, 환경, 교통을 조사함.	스마트 프로슈밍 시티를 설계하고자 하는 포부를 밝힘.
특기 활동		지리적인 특징을 살린 도시 설계 탐구	

[창의적 체험활동]

구분		창의적 체험활동상황
3 학 년	자율 활동	환경교육을 받고 도심지에서 다양한 환경문제로 고통받고 있다는 것을 알게 됨. 자동차 운행량이 많은 도심지의 미세먼지 농도가 더 높다는 것을 알고 이를 해결할 방안으로 건축 소재에 관심을 가짐. 밀라노 디자인 위크에 전시된 나선형 구조물은 **아네모테크에서 제작한 섬유**를 활용한 것으로, 자동차 배기가스의 정화 능력이 뛰어나다는 점을 소개함.
	진로 활동	특색 있는 도시 탐구활동으로 **지속가능한 스마트시티**에 관심을 가지고 탐구하면서 리빙랩을 통해 환경, 에너지, 생활복지 등 다양한 문제를 같이 해결할 수 있으며 통합 관제 플랫폼에서 이를 빠르게 응대하여 삶의 질이 높은 도시, 즉 **스마트 프로슈밍 시티를 조성**할 수 있다는 것을 알게 됨. 스마트 도시로 도시계획을 새롭게 하는 지역은 스마트 모빌리티까지 도입하여 대중교통 이용객을 늘려 더욱 안전하고 친환경적인 도시로 변모하기 위해 노력하고 있다는 것을 소개함.

[교과 세특]

구분		세부내용 및 특기사항
1학년	기술가정	에너지 소비효율 등급 표시 제도를 배운 후 가정의 가전제품의 등급을 조사하면서 1등급이 생각보다 많이 있지 않다는 것을 알게 되었다고 함. 또한 에너지 등급표시뿐만 아니라 다양한 환경마크도 있다는 것을 알고 일원화하여 쉽게 확인할 수 있도록 하면 좋겠다고 의견을 제시하였음. 우리 식탁의 건강한 식문화에 대해 토론하면서 친환경농산물 인증마크의 종류가 다양하다는 것을 확인하고 이 또한 통일이 필요하다는 의견을 제시하였음. 이후 GMO식품의 안전성에 대해 발표하면서 GMO원료가 들어간 것은 표시가 되는데, 스프의 경우에는 표시가 되지 않는 것이 있어 정부의 구체적인 지침이 필요하다고 제안하였음.
2학년	독서	평소 도시 설계에 높은 관심을 가지고 도시 설계와 비슷한 건축 지문인 **'콘크리트를 통해 본 건축 재료와 건축 미학의 관계'**를 선택하여 내용을 분석하여 설명하고, 건축물의 재료인 콘크리트의 발전과정에 대해 더욱 깊게 이해하게 되었다고 칭찬을 받음.
	가정과학	**'내가 살고 싶은 집 구상하기'**에서 단독주택에 흥미를 가지고 평소 친환경적인 마당을 만들기 위해 텃밭과 담 대신 식물을 심어 미세먼지를 절감시켜주는 효과를 얻을 것이라고 발표함. 아파트의 무분별한 개발로 인해 도시의 특색이 없는 것에 안타까움을 느끼고, 도시 설계의 중요성을 인식하고 도시에서 발생할 수 있는 문제를 사전에 고려하여 이를 해결해 완전한 도시를 설계하고 싶다는 포부를 밝힘.
3학년	미적분	도시공학과에 관심을 가지고 자유주제 발표 시간에 **'건축 속 미적분'**을 주제로 건축 속에 사용된 미적분의 내용인 연속함수, 미분가능성과 연속성, 사이클로이드 곡선, 지수함수, 쌍곡함수의 개념에 대해 설명하고 활용된 사례에 대해 친구들에게 그림 자료와 함께 설명함. 그중 사이클로이드 곡선이 활용된 건축물에 대해 깊이 있게 발표함. 함수의 그래프를 그리는 조별 활동에서 변곡점, 극점, 점근선을 활용하여 그래프를 잘 그리며, 어려워하는 친구에게 설명해주는 모습을 보임.
	기하	**'건축과 접목된 기하학'**을 주제로 위상기하학 개념을 알고 이를 바탕으로 위상기하학과 유클리드 기하학의 특징을 비교·분석하여 설명함. 위상기하학의 예시로 뫼비우스 띠를 소개함. 특히, 건축에 사용되는 위상기하학에 흥미를 느끼고 높은 층고를 바탕으로 한 개방감과 천장의 불규칙한 패턴을 바탕으로 소음을 줄여주는 효과가 있다는 것을 소개함. 또한 천장이 높을수록 창의적인 생각을 더 잘할 수 있다는 자료를 근거로 다양한 층고가 있는 건물과 입체적인 도시 설계의 중요성을 깨닫는 계기가 되었다고 함.

➡️ 도시공학계열 추천도서와 탐구 주제 찾기

[도시공학 추천도서]

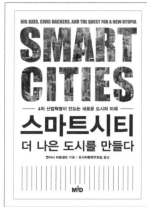

[도시공학 탐구 주제 찾기]

과목	단원	탐구 주제
통합 사회	자연환경이 인간의 생활에 미치는 영향	환경권의 의미와 환경권의 실현 구조 탐구
	산업화, 도시화로 나타난 생활공간의 변화	도심과 농촌의 생활 공간의 변화 탐구
	교통, 통신의 발달과 정보화	드론 택시가 운행될 때 주택의 변화 탐구

통합 사회	지역의 공간 변화	창의력을 극대화할 수 있는 공간 설계 탐구
	미래 지구촌의 모습과 내 삶의 방향	초거대 도시로 변모할 때 미치는 영향 탐구
과학	역학적 시스템과 안전	필로티 구조와 안전성 강구 방법 탐구
	생태계 구성요소와 환경	생태 친화적인 도시 비교 분석 탐구
	지구환경변화와 인간생활	온난화로 인한 앞으로의 생활환경의 변화 탐구
	발전과 지구환경 및 에너지 문제	에너지 자립형 스마트 빌딩 탐구
수학	경우의 수(순열과 조합)	공간의 복잡도나 최단 거리를 활용한 도시 설계 탐구
	경우의 수(순열과 조합)	교차로에서의 효율적인 교통신호 제어 방법 탐구
	도형의 방정식(평면좌표)	도시 공간의 GPS 타원체, 투영법, 좌표체계를 활용하여 스마트 지도 탐구
	경우의 수(조합)	도시 풍경과 건물의 밀집도를 분석한 이벤트 밀도 탐구
	경우의 수(조합)	거리 및 건물의 점자 안내판 만들기 탐구

➡ 핵심 키워드로 알아보는 도시공학

도시, 문제, 주택, 사람, 교통, 환경, 계획, 공간, 대상지, 디자인, 건축, 경제, 지속, 창의, 주거, 토지, 인구, 방재, 영향, 진동학, 재난, 금융, 복잡화, 첨단, 대중교통, 통신, IoT

ⓐ DBpia에서 가장 많이 검색된 논문

　㉠ 파라메트릭 디자인 방법론을 활용한 도시 마스터플랜(대구), 한국도시설계학회

　㉡ 지오디자인 프레임워크를 활용한 그린인프라 중심 물순환 도시계획 평가(송산), 한국도시설계학회

　㉢ 기후변화시대 폭염 완화 도시 조성, 대한국토도시계획학회

ⓔ 도시경쟁력 강화 및 시민 삶의 질 향상을 위해 유연한 도시계획 체계로 전환하는 서울, 한국도시계획가협회

ⓜ 도시환경 특성과 범죄발생의 연관성 분석 – 도시 빅데이터와 공간더빈 모형을 활용하여, 한국도시설계학회

ⓑ 시사를 활용한 탐구활동

출처 : 사이언스on(KISTI)

출처 : 사이언스on(KISTI)

➜ 도시공학·에서 수강하는 대표 과목

[도시공학과 대학에서 이수하는 교과]

교양필수	도시계획개론, 도시디자인의 기초, 도시설계컴퓨터응용, 도시계획론, 도시계획사, 도시과학개론, 공업역학, 공업수학
전공필수 및 전공선택	도시건축디자인스튜디오, 도시환경문제의 이해, GIS와 도시공간분석, 도시조사분석, 도시계량분석, 도시환경과 활동입지, 기후변화와 자연재해분석론, 중심지설계스튜디오, 도시공간구조분석 및 모델링, 기후변화와 도시데이터, 도시재생 및 개발, 교통과 도시활동, 국제도시디자인스튜디오, 도시데이터와 공간분석, 미래도시공간계획, 지속가능한도시개발, 프로젝트 및 세미나 등

[도시공학과 진학에 도움이 되는 교과]

교과영역	교과(군)	공통과목	선택 과목	
			일반선택	진로선택
기초	국어	국어	화법과 작문, 독서, 문학, 언어와 매체	
	수학	수학	수학I, 수학II, 미적분, 확률과 통계	실용수학, 기하, 수학과제 탐구, 인공지능 수학
	영어	영어	영어회화, 영어I, 영어II, 영어 독해와 작문	
	한국사	한국사		
탐구	사회	통합사회		사회문제탐구, 사회과제연구
	과학	통합과학 과학탐구 실험	물리학I, 지구과학I	물리학II, 지구과학II, 과학과제탐구, 융합과학탐구, 고급물리학, 고급지구과학, 물리학 실험, 지구과학 실험
생활 교양	기술·가정		기술·가정, 정보	정보과학, 프로그래밍, 공학일반, 창의경영, 지식재산일반, 인공지능 기초
	교양		환경, 실용경제, 논술	

※ 별색 : 핵심 권장 과목

건축학 및 건축공학 진로 로드맵

🡆 건축학 및 건축공학 합격자 선배들의 진로 로드맵과 세특

건설 분야에서도 4차 산업혁명 등 기술변화를 건설산업 내에서 수용하려는 흐름을 형성하고 있으며, 설계/시공/운영관리 단계에서 주요 스마트기술을 도입하여 최적화하려는 움직임을 보이고 있다. 건설산업의 스마트 기술은 현장에서 물리적 컨트롤과 대상물을 제어하는 '현장 기술', 건설산업의 광대하고 복잡한 Data를 연산 처리하여 시각화하는 '컴퓨팅 기술', 3D 기반의 공간 중심 작업 특성을 고려한 '가상 기술' 등 크게 3가지로 분류할 수 있다. 설계단계에서는 '가상기술'과 '컴퓨팅 기술'을 활용하여 설계 진행 중 변경사항에 대해 즉각적인 물량산출 및 견적금액 산출, 빅데이터를 활용한 최적 단가 산정, 견적에 대한 타당성 검증 시스템, 사전 공정계획 시스템 등을 최적화하려는 움직임이 활발하다.

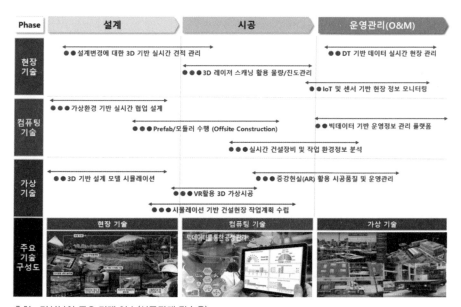

출처 : 건설분야 주요 미래 이슈(성균관대 권순욱)

153

시공단계에서는 신기술 개발 및 공법 개선을 통해 OSC(Off-site Construction, 공장 제작 방식) 기반 생산 시스템 고도화를 위한 연구가 수행되고 있다. 1990년 대 이후 정체되어 있는 OSC 방식의 시공법을 최근 건설산업에서 스마트 기술을 활용하여 재현하고 있다.

2030년까지 AI 기반 BIM 설계 자동화를 목표로 자동화 설계 및 BIM(Building Information Modeling) 정보를 축적하여 이를 정보화하여 AI에 학습시켜 상세 설계과정 자동화를 위한 시도들이 수행되고 있다. BIM 설계 정보에 머신러닝, AI 기술을 적용하여 설계도, 부재 특성 등을 학습하여 자동 분류하고, 설계안을 최적화시키며 자동으로 설계안 생성이 가능하게 했다. 비정형 건축물 제작 분야에 있어 패널, 커튼월 제작은 파라메트릭 기술과 로보틱스, 스마트 팩토리 기술을 연계시켜 자동화를 통해 대량 특수 생산이 가능해지고 있다.

[건축 및 건축공학 진로 로드맵]

구분	고등1	고등2	고등3
자율 활동	장애인식 및 이해 교육을 통해 장애인을 위한 설계 중요성 인식	한옥의 다양한 구조물 탐구, 그랭이 공법 탐구	화재 및 지진 대피 훈련을 통해 내진설계의 중요성을 인식함
동아리 활동	건축동아리		
	DDP와 같은 건축물 탐구, 가우디 전시회 탐방	살고 싶은 건축물 탐구, 안도 다다오 탐구	목조건물의 내진 효과 탐구, 내진에 우수한 건축 소재 탐구
진로 활동	건축디자인 학과 탐방, 건축박람회 관람	대학 건축학과 캠프 참여, 건축학 수업 10회 참여	스몰에코하우스 탐구, 스마트시티 탐구
특기 활동	농촌 페인트 봉사	에너지 제로하우스 기술 탐구	

[창의적 체험활동]

구분		창의적 체험활동상황
2학년	진로활동	대학교에서 실시한 **건축학 수업에 10회 참여함**. '내가 건축가'라는 강의를 통해 건축자재의 사용방법에 따라 분위기가 달라진다는 것을 알고, 건축 신소재에 관심을 가지고 조사함. 3D프린터를 이용한 건축모형을 통해 전체 윤곽을 확인하여 건물의 외형을 3차원으로 확인할 수 있음을 알게 됨. 건축학과 캠프를 통해 5년제 건축학과와 4년제 건축공학과의 차이점을 알게 됨. 특히, 실내건축디자인의 높은 수요를 통해 앞으로 유망한 분야임을 확인. 실내건축디자인에서 조명의 효과와 실내 계단 배치가 집안 분위기에 미치는 영향을 확인하고 **미적인 디자인의 중요성을 인식**하게 되었다고 소감문을 제출함.

[교과 세특]

구분		세부내용 및 특기사항
1학년	미술창작	미술에 대한 흥미가 높고 수업참여도가 우수함. 손재주와 집중력이 뛰어나며 조소시간에 배운 용구 사용법을 잘 이해하여 **가우디와 같은 유선형 건축물을 잘 표현함**. 건축물을 만들기 위한 설계도면의 중요성을 인식하고 도면을 3차원으로 그리는 것의 중요성을 인식함. 이 과정에서 캐드를 스스로 학습하는 열정을 보임.
2학년	화학I	사슬모양 탄화수소와 고리모양 탄화수소를 구별할 수 있으며, 탄소와 수소의 수를 바탕으로 알케인, 알켄, 알카인족을 구분할 수 있음. 특히, 일반식이 같은 구조이성질체를 구분하기 위해서는 첨가반응을 통해 확인할 수 있음을 알고 있음. 철의 부식 방지법으로 피막법과 음극화보호법이 있다는 것을 알고, **건축물의 부식을 막을 수 있는 보호 방법**과 녹슬지 않는 스테인리스금속 등 다양한 합금에도 높은 관심을 가지고 탐구하는 모습을 보임. 이 과정에서 합금이 화합물이 아닌 혼합물이라는 것을 알고 이를 질문하고 이해하는 모습을 보임.
	물리I	에너지 단원 중 힘의 전달과 평형부분에서 지레의 원리에 대해 정확히 알고 있으며, 시소를 이용하여 무거운 물체를 쉽게 들어 올리는 방법을 무게중심을 이용하여 설명할 수 있음. 실생활에서 타워크레인, 교각 등 돌림힘의 평형을 이용하는 예를 찾아보며 이해함. 구조의 안정성은 구조물이 지면과 닿아있는 면적이 넓을수록, 무게중심이 낮을수록 안전성이 높다는 것을 이해하고 건축물을 튼튼하게 짓는 방법을 탐구함. 특히, 필로티 구조가 지진에 취약함을 역학을 통해 설명함.
3학년	기하	삼수선의 정리를 활용하여 정사영의 넓이를 구하는 문제, 정사영의 성질을 이용하여 두 평면의 이면각의 크기를 구하는 문제를 잘 해결함. 2D프린터는 x축과 y축으로만 운동하지만, z축 운동을 더하여 입력한 3D도면을 바탕으로 입체물품을 만들어내는 3D프린터로 건축하는 것이 빠르고 도면처럼 정확하게 건축할 수 있음을 알게 됨.

3학년	물리학II	열에너지 단원에서 열손실을 확인하기 위해 촬영한 적외선 사진을 보고, 건물의 벽, 창문, 지붕 등의 위치에 따라 에너지 손실에 따른 온도 차이를 통해 **유리창 단열 시공의 중요성을 확인**함. 또한 열손실이 많은 지붕을 보완하기 위해 아연도금강판의 단점을 보완할 수 있는 방법에 관심을 가지고 열팽창 계수에 따른 방한 재료에 관심을 가지고 조사하여 보고서를 작성함.

➡ 건축학 및 건축공학계열 추천도서와 탐구 주제 찾기

[건축학 및 건축공학 추천도서]

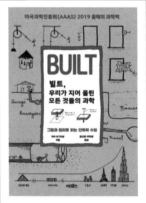

[건축학 및 건축공학 탐구 주제 찾기]

과목	단원	탐구 주제
통합 사회	자연환경이 인간의 생활에 미치는 영향	디지털 트윈을 활용한 건축 설계 탐구
	산업화, 도시화로 나타난 생활공간의 변화	채광권을 확보할 수 있는 건물 설계 탐구
	교통, 통신의 발달과 정보화	UAM 주차할 수 있는 건축물 설계 탐구
	지역의 공간 변화	창의력을 극대화할 수 있는 공간 설계 탐구
	미래 지구촌의 모습과 내 삶의 방향	에너지 자립형 스마트 건축물 설계 탐구
과학	역학적 시스템과 안전	필로티 구조와 안전성을 확보할 수 있는 소재 탐구
	생태계 구성요소와 환경	생태 친화적인 건축물 비교 분석 탐구
	지구환경변화와 인간생활	온난화로 인한 앞으로의 건축물 설계 탐구
	발전과 지구환경 및 에너지 문제	에너지 자립형 스마트 빌딩 설계 탐구
수학	다항식(인수분해)	3대 작도문제 중 입방체의 배적문제, 원의 정방화문제 탐구
	방정식과 부등식(여러가지 방정식)	육상 경기 트랙의 직선도로와 곡선도로 설계 원리 및 출발점이 다른 이유에 대한 설명
	도형의 방정식(평면좌표)	유클리드 기하학과 비유클리드 기하학 공간에서의 차이점을 비교·분석하고 택시 기하 탐구
	도형의 방정식(평면좌표)	무게중심을 이용한 건축물 조사 및 직접 건축물 설계 탐구

➡️ 핵심 키워드로 알아보는 건축학 및 건축공학

건축, 설계, 모델링, 디자인, 구조물, 시공, 공법, 철근, 재료, 시설물, 역학, 하중, 수치, 스케치업, 도면, 프로그래밍, 물리, 상세도, 거동

ⓐ DBpia에서 가장 많이 검색된 논문

   ㉠ 3D 프린팅 기술과 건축적 활용, 대한건축학회

   ㉡ 우리나라 내진설계 현황 및 문제점, 대한건축학회

ⓒ 인공지능 시대의 건축, 새건축사협의회

ⓓ 국내와 독일의 신재생에너지 적용 건축물 사례 연구 : 태양광 및 지열에
너지 적용 사례, 대한건축학회

ⓔ 감염병 예방과 위생을 고려한 건축용 신소재 및 부품의 응용, 대한건축
학회

ⓑ 시사를 활용한 탐구활동

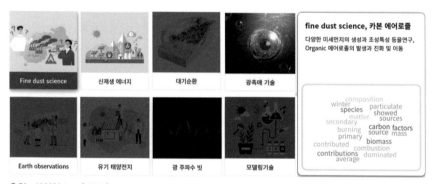

출처 : 사이언스on(KISTI)

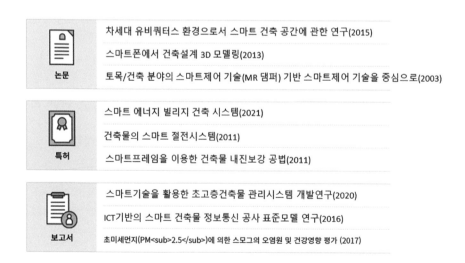

➡ 건축학 및 건축공학에서 수강하는 대표 과목

[건축학 및 건축공학과 대학에서 이수하는 교과]

교양필수	일반물리학, 물리학 및 실험, 미적분학, 건축공학개론, 창의공학기초설계
전공필수 및 전공선택	건축구조역학, 건축구조학, 건축재료학, 공학수학, 건축시공학, 철근콘크리트공학, 건축환경공학, 응용구조역학, 건축설비공학, 건축적산, 공간과 프로그래밍, 건축구조디자인, 건축과 행태, 빌딩시스템, 건축공기조화설비, 철골구조설계, 건설사업관리, 건축과 법제, 건축구조계획, 건축음향계획, 건축구조물전산해법, 건축시스템설계, 건축환경성능, 구조물진동제어설계, 프로젝트 및 세미나 등

[건축학 및 건축공학과 진학에 도움이 되는 교과]

교과영역	교과(군)	공통과목	선택 과목	
			일반선택	진로선택
기초	국어	국어	화법과 작문, 독서, 문학, 언어와 매체	
	수학	수학	수학Ⅰ, 수학Ⅱ, 미적분, 확률과 통계	실용수학, 기하, 수학과제 탐구, 인공지능 수학
	영어	영어	영어회화, 영어Ⅰ, 영어Ⅱ, 영어 독해와 작문	
	한국사	한국사		
탐구	사회	통합사회		사회문제탐구, 사회과제연구
	과학	통합과학 과학탐구 실험	물리학Ⅰ, 화학Ⅰ	물리학Ⅱ, 화학Ⅱ, 과학과제탐구, 융합과학탐구, 고급물리학, 고급화학, 물리학 실험, 화학 실험

생활 교양	기술·가정		기술·가정, 정보	정보과학, 프로그래밍, 공학일반, 창의경영, 지식재산일반, 인공지능 기초
	교양		환경, 실용경제, 논술	

※ 별색 : 핵심 권장 과목

토목공학 진로 로드맵

➡ 토목공학 합격자 선배들의 진로 로드맵과 세특

공장제작과 기계화 시공을 통해 생산성과 품질, 안전을 동시에 개선할 수 있는 스마트 토목기술이 적용되어 인력 작업을 최소화하고 있다. CT기술을 접목하여 다중 안전 관리체계를 바탕으로 실시간 안전관리와 AI 재해예측 시스템을 통해 위험성을 평가하는 등 다중 안전관리체계를 통해 다단계 사고 예방을 위한 기술을 접목하고 있다. 건설현장에 로봇을 투입하여 단순 현장 순찰에서부터 휴머노이드 로봇을 도입하여 중량물 운반 및 설치할 수 있도록 활용하려고 한다.

터널에도 스마트건설 기술이 적용되었다. TBM(Tunnel Boring Machine) 작업 시 VR기기로 내부 작업 상황뿐만 아니라 TBM 상태를 확인하여 고장나지 않고 원활하게 작용할 수 있도록 통합적으로 관리하고 있다. 굴착 데이터와 지반 정보를 실시간으로 분석해 최적의 운전 방법을 제시하는 기술로 공기 단축·원가 절감 두 마리 토끼를 잡았다. 안전한 터널 시공을 위해서는 IoT 기술을 활용한 실시간 통합안전관리시스템을 구축해야 한다. 이를 위해 터널 전 구간에 원활한 데이터 통신이 가능하도록 '무선 통신 환경'을 구축하고, 빅데이터 기반의 안전 리스크 분석 기술인 'AI 재해예측 시스템'을 도입하였다.

출처 : 공장제작 및 기계회 시공(대한토목학회)

출처 : BIM 플랫폼(대한토목학회)

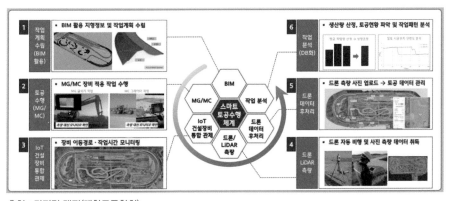

출처 : 디지털 맵핑(대한토목학회)

순찰 로봇 : 단순 작업 대체
• 현장 순찰
• 품질 · 안전 모니터링
• 측량 (디지털 맵핑)

협동 로봇 : 근로자 작업 보조
• 근력 증강 로봇
• 철근/자재 인양 보조 로봇
• 특수 작업 로봇 (도장, 앵커링)

휴머노이드 로봇 : 인력 작업 대체
• 중량물 운반/설치 로봇
• 철근 조립 로봇
• 무인 자율시공 장비

출처 : 순찰로봇에서 휴머노이드 로봇(대한토목학회)

[토목공학 진로 로드맵]

구분	고등1	고등2	고등3
자율 활동	과학멘토링 멘토 참여, 학교 건물 안전 확인	과학멘토링 멘토 참여, 학급특색활동 시사를 활용한 진로 찾기	과학멘토링 멘토 참여, 학급특색활동 시사를 활용한 진로 찾기
동아리 활동	과학토론동아리		
	아두이노 회로 설계	내진설계 비교 탐구	세계 최장 현수교 기술 탐구
진로 활동	학과탐방, 토목공학과 미래 비전 탐구	TBM 기술 탐구, 해저터널 건설 시 고려사항 탐구	중대재해처벌법 탐구, 현수교 와이어 특징 분석
특기 활동		초고강도 콘크리트 특징 비교 탐구	

[창의적 체험활동]

구분		창의적 체험활동상황
2 학 년	자율 활동	'시사를 활용한 진로 찾기' 학급 특색활동에서 **'파이프 이음새를 복구할 수 있는 형상기** **억합금'** 기사를 읽고, 현수교 와이어에 형상기억합금 적용 가능성을 탐구함. 형상기억 합금으로 복잡한 장비나 동력 없이 탄성변형에너지로 건축물의 외부 변형에도 일정한 형태를 유지할 수 있는 장점이 있다는 것을 발표함.

3 학 년	진로 활동	전공 탐색활동 시간에 자신의 진로와 관련하여 현수교 와이어 성능을 극대화할 방법을 탐구하여 PPT로 발표함. **'형상기억합금 와이어를 이용한 철근콘크리트 기둥 내진보강 및 보수'** 자료를 참고하여 현수교 기둥의 지진 안전성을 높일 수 있으며, 현수교 와이어 성능을 극대화할 수 있다는 내용을 발표함. 진로 발표 활동으로 중대재해처벌법 기사를 읽고, **'산업 안전을 위한 디지털 혁신, AI로 돌파한다'** 라는 AI미래포럼을 듣고, 중대재해가 발생하기 전 사전에 파악하여 예방할 수 있다는 것을 확인함. 항공기 엔진에 접목된 디지털 트윈 기술을 건축물에도 적용하여 건축물의 상태를 AI를 활용하여 감시하고 기능적인 상태도 파악한다면 중대재해를 예방할 수 있을 것이라고 주장함.

[교과 세특]

구분		세부내용 및 특기사항
1 학 년	과학	지구시스템을 학습한 후 우리나라는 지진 안전지대가 아니라는 것을 알게 됨. 학교 건물의 안전 여부를 확인하고자 추가로 조사하여 보고서로 작성하는 열정을 보임. 빨간 벽돌 건물이 지진으로 붕괴될 수 있는 문제를 확인하고 외부 보강재를 덧대어 이를 보완할 필요성이 있다는 내용을 다른 학교 지진대비 사례를 소개하면서 설명한 점이 돋보임.
2 학 년	사회 문화	우리 지역의 젠트리피케이션 사례를 찾아 발표하는 활동에서 **'지하철을 활용한 젠트리피케이션 해결방법'** 을 주제로 선정함. 한국에서의 젠트리피케이션 사례를 조사하며, 젠트리피케이션의 장단점을 분석함. 벤치마킹할 젠트리피케이션 사례까지 발표하며, 원주민에게 일자리를 제공하고 저렴하게 생활할 수 있는 지하철 역사를 활용한 생활형 주택을 건설하여 그 지역에서 상생할 수 있는 정책을 소개함.
	지구과학 Ⅰ	지진에도 무너지지 않는 내진 설계를 학습하고, 내진, 면진, 제진의 차이점에 대해 조사하여 발표함. 전체적으로 붕괴되지 않고, 간단한 보수로 구조물을 재사용할 수 있는 제진 설계가 중요하다는 것을 알려줌. 발표 이후 **구조역학 시뮬레이션을 통해 다리의 안정성을 확보할 방법을 탐구**하고 보고서를 제출함.
3 학 년	물리학Ⅱ	주제발표 활동으로 콘크리트 횡방향의 안전성을 확보하지 못해 쉽게 부서지는 문제를 인식하고 이를 보완할 방법으로 형상기억합금을 제시함. **형상기억합금을 접목하면 내진 성능**을 높여주며, 지진이 발생해도 건축물의 형태를 유지할 수 있는 장점이 있다는 것을 관련 자료와 함께 소개함.

[토목공학 추천도서]

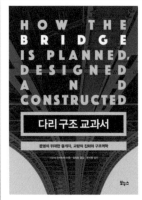

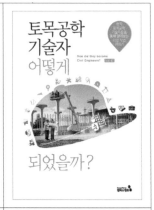

[토목공학 탐구 주제 찾기]

과목	단원	탐구 주제
통합 사회	자연환경이 인간의 생활에 미치는 영향	센트럴파크와 같은 공원이 미치는 영향 탐구
	산업화, 도시화로 나타난 생활공간의 변화	TBM 장비를 활용한 지하 설계 탐구
	교통, 통신의 발달과 정보화	해저터널 안전성 확보 방안 탐구
	지역의 공간 변화	창의력을 극대화할 수 있는 공간 설계 탐구
	미래 지구촌의 모습과 내 삶의 방향	블랙 아이스 현상을 없애는 압전발전 탐구 미래 해양 도시 안전성 확보 방법 탐구
과학	역학적 시스템과 안전	필로티 구조와 안전성을 확보할 수 있는 소재 탐구
	생태계 구성요소와 환경	도로와 철도로 인한 분단화 현상을 줄이는 방법 탐구
	지구환경변화와 인간생활	온난화로 인한 앞으로의 건축물 탐구
	발전과 지구환경 및 에너지 문제	에너지 자립형 스마트 도로 시스템 탐구
수학	방정식과 부등식(이차방정식과 이차함수)	포물선과 현수선의 차이 조사 후, 현수선이 활용된 다리 사례 탐구
	도형의 방정식(직선의 방정식)	이집트 토지 재분배를 활용한 측량에 이용된 유클리드기하학, 해석기하학의 발전사 탐구
	도형의 방정식(원의 방정식)	원과 정다각형의 기하학적 비례 구조를 확인하고 적용된 조형물 탐구

➡️ 핵심 키워드로 알아보는 토목공학

토목, 교량, 측량, 구조물, 분배법, 하중, 부정정구조물, 요각법, 모멘트, 모멘트 면접법, 최소일의 방법, 구조역학, 설계, 도로, 물리학, 시공, 공간, 유지관리, 기반, 시설

ⓐ DBpia에서 가장 많이 검색된 논문

㉠ 해양 플라스틱 쓰레기 관련 문제점과 정책의 방향성, 대한토목학회

ⓛ 접근성이론과 GIS 공간분석기법을 활용한 행정기관의 입지선정, 대한
　토목학회

ⓒ 충격에너지를 활용한 압전 발전기의 특성을 이해하기 위한 실험 연구,
　대한토목학회

ⓔ 제설제가 콘크리트 포장 파손에 미치는 영향, 대한토목학회

ⓜ 로지스틱 회귀분석 및 AHP 기법을 이용한 산사태 위험지역 분석, 대한
　토목학회

ⓑ 시사를 활용한 탐구활동

토양 탄소　　온실가스　　바이오매스와 탄소　　위해성 평가

health risk, 위해성 평가(노출 평가)

Air pollutants가 야기하는 Health risk 평가 기술, 환경오염 및 환경변화에 의한 위해도정량화, 노출평가는 위해성 평가의 세부단계

기후변화대응/생태학…　　수질오염물　　수소전해재료　　멀티-에이전트

출처 : 사이언스on(KISTI)

논문	통합 재해지도 작성 기법 개발(I) : 그리드 기반 모형의 확장 및 검증(2022)
	기후변화에 따른 해안가 복합재난 피해위험성 평가기술 개발(2022)
	현장 데이터 분석을 통한 Gripper TBM의 Downtime 요소 분석(2021)

특허	세라믹메탈 함유 수지계 방수방식재 및 이를 이용한 수처리시설 방수방식공법(2022)
	영상기반 토목 구조물 실시간 변위 계측 시스템, 방법, 컴퓨터 판독(2022)
	토목 공학 구조물을 강화하는 방법(2022)

보고서	인프라 디지털 설계 플랫폼 기반 단면-선형 연동 설계 및 설계변경 자동화 모듈(2022)
	혼합 폐플라스틱 alloy를 활용한 콘크리트 블록 개발(2022)
	균열보수성능을 확보한 콘크리트용 후설치 앵커 개발(2022)

동향	푸른 하늘을 지키는 기술, '클린테크'가 부상한다 (2022)
	세계 최초의 충전식 콘크리트 배터리(2021)
	물 부족 해결할 획기적 담수화 방법 발견(2021)

출처 : 사이언스on(KISTI)

➡️ 토목공학에서 수강하는 대표 과목

[토목공학과 대학에서 이수하는 교과]

교양필수	일반물리학, 물리학 및 실험, 일반화학, 화학 및 실험, 기초공학설계, 건설플랜트설계입문, 미적분학, 선형대수, 역학의 이해
전공필수 및 전공선택	환경공학개론, 재료역학, 기초측량학, 토목유체역학, 토질역학, 수치해석, 개수로수리학, 공학수학, 공학통계학, 사회기반시스템공학세미나, 수력학, 구조역학, 철근콘크리트공학, 구조해석 및 설계, 상수도공학, 하수도공학, 토목시공, 교량공학, 소공설계, 수자원시스템공학, 암반역학, 댐공학, 교통공학, 구조공학, 하천공학, 토목입문설계, 프로젝트 및 세미나 등

[토목공학과 진학에 도움이 되는 교과]

교과영역	교과(군)	공통과목	선택 과목	
			일반선택	진로선택
기초	국어	국어	화법과 작문, 독서, 문학, 언어와 매체	
	수학	수학	수학I, 수학II, 미적분, 확률과 통계	실용수학, 기하, 수학과제 탐구, 인공지능 수학
	영어	영어	영어회화, 영어I, 영어II, 영어 독해와 작문	
	한국사	한국사		

탐구	사회	통합사회		사회문제탐구, 사회과제연구
	과학	통합과학 과학탐구 실험	물리학Ⅰ, 화학Ⅰ	물리학Ⅱ, 화학Ⅱ, 과학과제탐구, 융합과학탐구, 고급물리학, 고급화학, 물리학 실험, 화학 실험
생활 교양	기술·가정		기술·가정, 정보	정보과학, 프로그래밍, 공학일반, 창의경영, 지식재산일반, 인공지능 기초
	교양		환경, 실용경제, 논술	

※ 별색 : 핵심 권장 과목

해양 및 조선공학 진로 로드맵

➜ 해양 및 조선공학 합격자 선배들의 진로 로드맵과 세특

초고속 무선통신망(LTE-M) 구축, 해양관측 위성 천리안 2B호 발사, 해양수산 빅데이터 센터 설치 등 해양수산 디지털 생태계 구축을 위한 인프라가 점차 확대되고 있다. 완전 무인 자율운항 선박, CCTV에 기반한 인공지능 옵서버를 포함한 스마트 어업기술, 자동화 항만 등 관련 기술도 연구개발(R&D)중이다. 바다 내비게이션(e-Nav) 서비스도 본격적으로 제공하고 자율주행 선박 운행에도 도움을 주고 있다.

스마트선박은 항해 장비와 컨트롤 시스템을 포함한 선박에 설치된 각종 센서 및 장비와 연결되어 정보를 취득하고 분석한다. 그뿐만 아니라 파도, 해류, 풍향, 풍속 등 환경정보를 인터넷과 연결하여 안전한 항해를 할 수 있도록 도와주고 있다. 대양을 항해하는 선박의 경우 원활한 항해를 위해 인공위성 통신망을 통해 대용량 데이터 송수신을 가능하도록 했다.

출처 : 자율운항선박 관련 전후방 산업 연계(산업통상자원부)

출처 : 스마트 해상물류 구성요소(산업통산자원부)

　최근의 LNG선박 수주확대는 주로 대형조선사를 중심으로 이루어져 중소 중
견 조선사의 수주점유율이 하락한 후 반등하지 못하고 있다. 해상물동량 회복,
운임 인상, 친환경 선박 수요 증가 등의 글로벌 발주환경 호전에 따른 경영 정상
화, 대형조선사와의 동반 상승효과를 통한 회복 가능성을 기대하고 있다. 국내

조선소에 공통으로 적용할 수 있으며 조선사마다 상이한 정보 수집 및 활용, 야드 운영방식을 효율적으로 전환할 수 있는 '한국형 스마트 야드의 표준 모델'을 개발하여 생산성 향상, 원가절감을 통한 조선산업 위기 극복을 위한 생태계를 조성하고 있다. 지능형 생산관리 플랫폼의 경우, 생산 공정 정보 빅데이터 분석 SW 장비를 활용해 디지털 트윈 야드 환경에서 발생하는 생산 및 공정, 물류, 인력관리 등에서 발생하는 정보를 수집하고, 축적 후 최적의 생산방식을 활용하기 위한 연구를 하고 있다.

 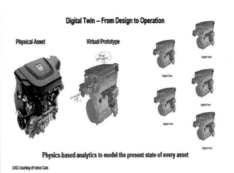

출처 : 디지털트윈 기술개발 범위(산업통산자원부)

[해양 및 조선공학 진로 로드맵]

구분	고등1	고등2	고등3
자율 활동	지구온난화로 섬 침몰위기 해결방안 토론, 수학 멘토로 참여	학급특색활동으로 섬 침몰 위험 대안으로 해양도시 탐구, 수학 멘토로 참여	수학 멘토로 참여, 미래 해양도시 비교 탐구
동아리 활동	과학동아 탐독 동아리		
	기상위성을 통한 기상 상황과 해양 상황 탐구	부유물에 따른 물의 유동성 변화 탐구	기후위기를 주제로 토론하고 그 심각성을 알려주고자 기후마블 게임을 진행함.

진로 활동	학과 탐방활동	북극항로 개발의 필요성 탐구, LNG해빙선 탐구	원자력 추진 선박 탐구
특기 활동		위성통신을 통해 자율주행 선박 운행 탐구	

[창의적 체험활동]

구분		창의적 체험활동상황
2 학 년	동아리 활동	진동수에 따른 물의 변화에 관심을 가지고 조사하면서 테이크 아웃 커피가 잘 넘치지 않도록 뚜껑의 모양을 달리하면 좋겠다는 아이디어를 발전시키기 위해 **'부유물에 따른 물의 유동성 변화'**를 주제로 탐구함. 특히, 3D프린팅을 통해 실험에 필요한 부유물들을 제작하고 보고서와 실험 결과를 그래프로 나타내보며 가장 안전한 모양의 뚜껑을 만들어 냄.
3 학 년	진로 활동	해상 수송 부문 **탄소 배출이 없는 원자력 추진선**에 높은 관심을 가지고, 개발이 힘든 이유에 관심을 가지고 탐구함. 용융염원자로는 SMR을 바탕으로 한번 설치로 20년 이상을 운행할 수 있는 장점이 있음을 알게 됨. 특히 원자로 내부에 이상 신호가 감지되면 액체 핵연료인 용융염을 굳게 하여 중대 사고를 원천 차단하는 장점을 소개하며 연구의 필요성을 강조함.

[교과 세특]

구분		세부내용 및 특기사항
1 학 년	과학	지구온난화의 원인 물질인 온실가스의 종류를 잘 이해하고 있으며, 온실효과와 지구온난화의 차이점을 잘 구분하고 이를 발표함. 엘리뇨와 라니냐의 발생 배경 등을 잘 이해하고 둘의 차이점을 잘 설명함. 지구의 해수와 대기의 순환을 잘 이해하고 있으며, 해류와 대기의 순환으로 일정한 온도를 유지할 수 있음을 이해함.
2 학 년	기술 가정	공학 설계를 위한 기초적인 제도 방법과 투상법의 적용에 대한 높은 이해도를 보임. 이론적인 통칙에 근거하여 수도꼭지 설계도면을 제도하는 과정에서 선의 종류와 형태, 쓰임 등을 명확하게 구분하여 제작도를 작성할 수 있음. 에너지와 출력에 대한 개념을 잘 이해하고 있으며, 퍼텐셜에너지와 수력발전의 관계식인 'P=9.8QH'를 스스로 유도하여 이론수력의 의미를 잘 이해함.
	개인별 세특	수업량 유연화 프로그램시간에 물리와 수학, 정보 융합탐구를 활용해 **'위성통신을 활용한 자율주행 선박 안전성 탐구'**를 주제로 발표함. 기상위성과 통신위성을 바탕으로 기상 상황과 주변 선박, 암초 등을 사전에 파악하여 최적의 경로로 이동할 수 있는 자율주행이 가능할 것임을 알게 됨. 자율운항 선박으로 물류 흐름의 10% 이상을 개선하고 해양사고 75% 이상을 줄일 수 있는 등 다양한 운항 사례를 예를 들어 안전성을 확보할 수 있음을 소개함.

3 학 년	지구과학 II	지구과학적 현상에 다각도로 탐구하고 분석하는 것을 즐거워하며 예리한 질문을 하는 등 내용에 대한 이해도가 높음. 특히, 해양영역에 관심이 많아 지구온난화로 인한 **독도 근처에서의 어족 변화와 그 영향**에 대해 조사하여 발표함.

➔ 해양 및 조선공학계열 추천도서와 탐구 주제 찾기

[해양 및 조선공학 추천도서]

[해양 및 조선공학 탐구 주제 찾기]

과목	단원	탐구 주제
통합 사회	자연환경이 인간의 생활에 미치는 영향	미래 해양도시 안전성 확보 방법 탐구
	교통, 통신의 발달과 정보화	자율주행 선박 안전성 확보 방안 탐구
	지역의 공간 변화	해안가 고층 빌딩으로 인한 해양풍 영향 탐구
	미래 지구촌의 모습과 내 삶의 방향	해저 도시 활용 가능성 탐구
과학	역학적 시스템과 안전	필로티 구조와 안전성을 확보할 수 있는 소재 탐구
	생태계 구성요소와 환경	인공 암초가 해양생태계에 미치는 영향 탐구
	지구환경변화와 인간생활	섬 에너지 확보 방안 탐구
	발전과 지구환경 및 에너지 문제	파력, 조류, 조력 에너지 효율 비교 탐구
수학	함수(여러가지 함수)	선박들의 위치를 확인할 수 있는 좌표를 함수로 활용한 사례 탐구
	함수(여러가지 함수)	파도의 높이에 따른 속도 변화를 변수로 표현하여 해양 네비게이션에서의 함수 관계 탐구
	함수(무리함수)	무리함수를 이용한 해양 지진의 속도 계산
	경우의 수	국제기류신호기를 활용하여 경우의 수 탐구

➡ **핵심 키워드로 알아보는 해양 및 조선공학**

해양, 조선, 기술, 수조, 건설, 구조물, 원격탐사, 스마트, 유체, 보전, 구조, 지반, 선박, 선형, 진동, 설계, 용접, 인력, 역학, 환경, 거동, 에너지, 저항, 인공지능, 자율주행

ⓐ DBpia에서 가장 많이 검색된 논문

㉠ 해양플랜트용 LNG 제어용 초고압/초저온 밸브 개발, 대한기계학회

㉡ 조선해양산업과 ICT융합모델로서의 선박운항 빅데이터, 대한기계학회

ⓒ 원자력 추진선박의 경제성 분석 및 개념설계 연구, 한국해양환경에너지
학회

ⓓ 해저생산플랜트 기술 동향 분석, 대한조선학회

ⓔ 해양쓰레기 피해 사례분석을 통한 피해 유형 및 원인 분석, 대한조선
학회

ⓑ 시사를 활용한 탐구활동

출처 : 사이언스on(KISTI)

보고서	ICT융합 Industry4.0(조선해양) 기반조성사업(2016)
	스마트 해사 서비스 활성화를 위한 지능형 데이터허브 플랫폼...(2022)
	선박 안전 관리 및 정비용 소프트웨어 기반 PMS 시스템...(2021)

동향	혁신 원자력기술의 메카 문무대왕과학연구소(2021)
	포스코, 세계 최초 대형 액화이산화탄소 운반선 개발 나선다 (2021)
	극저온 액체수소 저장할 고망간강 탱크 개발한다 (2021)

출처 : 사이언스on(KISTI)

➡ 해양 및 조선공학에서 수강하는 대표 과목

[해양 및 조선공학과 대학에서 이수하는 교과]

교양필수	일반물리학, 물리학 및 실험, 일반화학, 화학 및 실험, 미적분학, 선형대수학, 조선해양공학개론, 정역학
전공필수 및 전공선택	동역학, 유체역학, 고체역학, 응용수학, 선박계산, 열역학, 전기공학, 선체유체역학, 해양파역학, 수치해석, 선체저항, 구조역학, 건조공학, 선박진동학, 용접구조설계, 용접실험, 저항추진실험, 공업재료, 선체운동학, 해양시스템환경공학, 열전달, 유한요소법, 선체구조설계, 선체추진기설계, 해양자원개발장비설계, 전산유체역학, 해양자원처리공정, 선박동력전달장치, 프로젝트 및 세미나 등

[해양 및 조선공학과 진학에 도움이 되는 교과]

교과영역	교과(군)	공통과목	선택 과목	
			일반선택	진로선택
기초	국어	국어	화법과 작문, 독서, 문학, 언어와 매체	
	수학	수학	수학I, 수학II, 미적분, 확률과 통계	실용수학, 기하, 수학과제 탐구, 인공지능 수학

기초	영어	영어	영어회화, 영어Ⅰ, 영어Ⅱ, 영어 독해와 작문	
	한국사	한국사		
탐구	사회	통합사회		사회문제탐구, 사회과제연구
	과학	통합과학 과학탐구 실험	물리학Ⅰ, 화학Ⅰ	물리학Ⅱ, 화학Ⅱ, 과학과제탐구, 융합과학탐구, 고급물리학, 고급화학, 물리학 실험, 화학 실험
생활 교양	기술·가정		기술·가정, 정보	정보과학, 프로그래밍, 공학일반, 창의경영, 지식재산일반, 인공지능 기초
	교양		환경, 실용경제, 논술	

※ 별색 : 핵심 권장 과목

PART
5

VR·AR영상계열
진로 로드맵

어떤 성향이
이 계열에 잘 맞을까?

이 계열을 희망하는 학생들은 영상편집뿐만 아니라 증강현실과 가상현실로 영상을 제작하는 것을 좋아하며, 홀로그램으로 영상을 구현해보는 것을 좋아하는 학생이다. 특히, 컴퓨터 그래픽스, OLED, 실제 이미지 등을 활용한 실제와 가까운 시각화, 3차원 음향 등의 기술을 이용한 청각 자극, 피부의 접촉이나 물체의 역학을 느끼게 하는 햅틱기술을 접목하여 시뮬레이션하는 것을 좋아한다. 이 기술의 개발로 영상촬영을 위한 장소 섭외를 하지 않고도 VFX 제작소에서 제작할 수 있도록 도와주어 더욱 현실감을 반영한 영상을 촬영할 수 있다.

학교에서 수학 및 과학탐구대회(과제탐구활동)에 적극적으로 참여하여 궁금한 문제에 대한 해답을 스스로 내리는 모습을 보여준다. 예전에는 이런 분야가 예체능 계열로 여겨졌지만, 지금은 이공계적 지식이 더욱 필요하며 컴퓨팅적 사고방식도 필요하기에 관련 내용을 습득하는 것이 중요하다. 따라서 물리학II와 인공지능 수학, 프로그래밍 지식을 갖출 때 바다의 파도와 물방울, 대형 고래 영상을 살아있는 것과 같이 제작할 수 있다. 물의 움직임을 나타내는 시뮬레이션은 유체역학 이론을 기초로 한다. 공기나 물의 흐름을 설명할 수 있는 미분방정식의 일종인 '나비어-스토크스 방정식'이 설계의 기본이다. CG 제작에서는 '정확성'보다 '시각적 효과'가 더 중요하기 때문에 근사해만으로도 충분하게 실감나는 영상을 표현할 수 있다. 또한 아핀 변환 수학이론을 활용하여 물방울 하나까지 세밀하게 표현할 수 있다.

[VR·AR영상계열 진로 로드맵]

구분	중등	고등1	고등2	고등3
자율 활동		학급 자율 탐구활동		
		선후배 연합탐구활동		
동아리 활동	과학실험동아리 활동	수학탐구동아리		
	수학주제 탐구활동	영상토론동아리		
진로 활동	VFX관 견학	수리 통계학자와의 만남, 전산유체연구자와의 만남		진로심화탐구
		디스트릭트 회사 탐방		
특기 활동	과학영재교육원 이수	미디어 파사트 제작 및 탐구, CG 영상 제작 및 탐구		

※ K-Girls Day를 통해 기업·연구소·대학 체험활동 프로그램 활용 가능

고등학교를 입학하기 전 자신의 진로를 파악하는 것이 중요하다. 공부보다는 실습능력을 배양하여 현장에서 기술을 익히고 싶은 친구는 특성화고 및 마이스터고를, 수학적 지식을 바탕으로 프로그래밍을 통해 영상을 제작하고자 하는 경우 수학을 깊이 탐구할 수 있는 학교를 선택할 수 있다. 특히, 영재고, 과학고를 희망하는 경우 중1 때 진로를 결정하고 수학적 모델링을 바탕으로 연습해보면서 꿈을 키워나가는 것을 추천한다. 일반고를 희망할 경우 동아리와 진로활동을 통한 실습능력을 키울 수 있다.

2025년 고교학점제가 시행되면 일반선택 및 진로선택과목은 A, B, C 성취도로 성적을 기재하므로 성적으로 학생을 평가하는 데 한계가 있다. 따라서

VR·AR, 미디어공학 진로라면 미적분, 기하, 인공지능 수학, 물리학II, 정보, 프로그래밍을 선택하여 관련된 이론적 지식뿐만 아니라 실험 탐구활동을 통해 관련 지식을 쌓을 수 있다. 구체적인 활동계획을 세우기 위해서는 진로 로드맵을 작성하여 시험기간 1달 동안은 성적을 챙기고, 그 기간 동아리활동은 실험보다는 진로독서 및 주제발표 활동으로 1주에 1명씩 돌아가면서 한다면 비교과활동을 하는데 시간도 빼앗기지 않을 수 있다. 그리고 시험 이후나 방학을 이용하여 탐구활동을 하면 장기적인 실험을 진행할 수 있어 더욱 좋을 것이다.

진로 로드맵에 자율활동, 동아리활동, 진로활동, 특기활동(개인별 세특, 독서 등)을 구체적으로 어떻게 할 것인지 내용을 기록한다면 시간을 효율적으로 활용할 수 있으며, 진로에 맞는 일관된 활동을 할 수 있다. 그러면 비교과에 집중하다 교과성적이 떨어지는 실수를 하지 않을 것이다. 또한 모든 과목을 진로와 연계하여 선택하지 않을 것이다. 융합인재를 선호하기 때문에 스토리 능력을 키울 수 있는 인문학적 소양을 갖추는 것도 좋을 것이다.

선배들의
진로 로드맵 엿보기

가상 및 증강현실학 진로 로드맵

➡ 가상 및 증강현실학 합격자 선배들의 진로 로드맵과 세특

CG(컴퓨터 그래픽)와 VFX(시각특수효과) 기술의 발전으로 영화, 드라마, 애니메이션뿐만 아니라 일반 산업까지 기술을 활용하면서 콘텐츠가 질적, 양적으로 발전했다. 최근 OTT 시장의 성장으로 괴물, 좀비, SF 장르의 작품들이 연이어 흥행에 성공한 것에는 CG와 VFX 기술로 자연스럽게 표현된 것이 큰 몫을 차지했다. 현실 세계와 디지털의 가상 세계를 실시간으로 결합하여 실감형 콘텐츠를 제작하는 버추얼 프로덕션(Virtual Production)이 미디어 및 엔터테인먼트 분야를 성장시키는 중요한 요소로 주목받고 있다. 최근에는 뉴스 및 스포츠, 공연과 같은 다양한 라이브 엔터테인먼트와 패션, 자동차 등의 제품 시뮬레이션으로 활용 분야가 확대되는 추세이다. 따라서 LED 월(LED wall) 기반 버추얼 프로덕션 스튜디오가 구축되고 있다.

LED 월을 설치한 스튜디오에서는 자연환경과 유사한 배경을 구현할 수 있다. 실시간으로 조명을 조절하거나 이미지를 반영하여 촬영 배경 장소의 설정을 바꾸는 게 가능하기 때문에 현실감 있는 장면을 연출할 수 있다. 이러한 버추얼 프로덕션 기술을 활용하면 직접 현장에 가지 않고도 원하는 공간과 배경을 만들어낼 수 있으므로 시간과 비용 절감 효과가 크다는 이점이 있다. 또한 후반 제작

방식인 컴퓨터 그래픽 작업은 작업 결과물을 실시간으로 확인하기 어려워 기획과는 다른 결과물을 만들어 내거나 작업 후 보정 작업에 많은 시간이 소요되는데, 버추얼 프로덕션 기술을 활용하면 콘텐츠 제작의 전 과정을 실시간으로 확인할 수 있어 후반 작업에 많은 시간을 절약할 수 있다.

비브스튜디오스가 곤지암에 구축한 버추얼 스튜디오인 '메타스튜디오'는 영화, 드라마, 광고, 게임시네마틱, 예능 등 다양한 장르의 실감미디어 콘텐츠 제작을 지원하는 공간이다. 특히, 자동차와 같은 이동형 장치를 촬영할 수 있는 구조로 되어있어, 촬영의 난이도가 높고 현지 로케이션에서 자칫 위험한 상황이 발생할 수 있는 차량 추격장면 등을 LED월 앞에서 다양한 앵글로 구현해낼 수 있다.

출처 : 비브스튜디오스

브이에이 스튜디오 하남은 아시아 최대 규모의 버추얼 프로덕션 스튜디오로, 총 1만 1,265㎡의 규모를 자랑한다. 다양한 규모의 스튜디오 3개를 갖추고 있으며, '대형 볼륨 스튜디오'는 국내 최대의 타원형 LED 월(가로 53.5m, 높이 8m, 지름

19m, Wing 12m)을 도입해 면적이 총 1,088㎡에 이른다. 대형 볼륨 스튜디오는 규모에 걸맞게 영화와 드라마 제작에 특화된 공간으로 활용되고 있으며, 3개의 스튜디오에서 광고, XR 공연, 라이브 커머스 등 다양한 콘텐츠 제작이 가능하다.

출처 : VP 스테이지 '더 월'

자이언트스텝은 기존 시설에 LED 월 스튜디오와 모션캡쳐 스튜디오 등 2개의 버추얼 프로덕션 스튜디오를 추가로 증설했다. 모션캡쳐로 제작한 메타버스 아바타, 버추얼 휴먼 등을 영화, 드라마 콘텐츠에 구현하고 있다. 모션캡쳐 스튜디오에서 배우들이 마커를 몸에 찍고 카메라 앞에서 연기를 하면 그 움직임을 반영해 디지털 캐릭터를 화면 속에서 구현하게 된다. 위 작업을 바탕으로 버추얼 스튜디오에서 영화를 촬영하고 제작하면 높은 품질의 실감나는 영상 효과를 얻음과 동시에 모션캡쳐로 디지털화된 정보를 활용하여 메타버스 콘텐츠를 제작할 수 있다.

[가상 및 증강현실학 진로 로드맵]

구분	고등1	고등2	고등3
자율 활동	축제 UCC영상 촬영, 가상현실 강연 참여	금연 홍보영상 제작, 축제 음향 편집 및 감독	체육대회 영상 촬영, 공원 활성화 방안으로 설문 조사하고 보고서 작성
동아리 활동	영상동아리		
	사회풍자 일러스트 그리기, 가상현실 방향성 잡지 제작	동화책 앱 제작, 자연스러운 움직임을 위한 코딩 필요성을 느낌	VR을 활용한 동화책을 통해 몰입감을 높여줄 방법 탐구, 디지털 치료제 탐구
진로 활동	나노 바이오 연구센터에서 스텐트 원리 이해, 영상미디어학과 탐방	가상현실 기기를 체험하며 부족한 점을 찾아봄, 과학관에서 홀로그램 체험	미디어아트 플랫폼 전시장 탐방, 미디어 놀이터 체험
특기 활동			VR아트 퍼포먼스로 틸트브러쉬를 활용한 3D 영상 작업

[창의적 체험활동]

구분		창의적 체험활동상황
2 학 년	동아리 활동	앱 만들기 체험을 통해 **동화책을 읽어주는 앱을 제작**함. 움직이는 등장인물과 글자들이 적절히 등장할 수 있도록 구성하였는데 앱 인벤터로 자연스럽게 구현하는데 어려움을 알게 된 후 코딩의 필요성을 느낌. 온라인 코딩 파티를 통해 코딩을 체험해보면서 어렵게만 느꼈던 코딩을 쉽고 재미있게 할 수 있다는 것을 알게 됨. 코딩의 실력이 부족하여 스크래치 프로그램을 통해 직접 캐릭터를 이동해보며 움직이는 모습을 구현하여 보완함.
	진로 활동	과학관에 방문하여 가상현실 체험으로 가상공간에서 이뤄지는 탈출게임을 해보며 현실보다 더 흥미롭게 체험했다고 소감을 발표함. 여러 가상현실을 체험해보며 원리나 기술에 대해 알게 되었고, 관련 기술을 개발한 연구자 인터뷰 영상을 찾아보는 열정을 보임. 홀로그램 영상을 체험해보면서 생각보다 제작이 쉽다는 것을 알게 된 후, 다양한 소재로 촬영해보며 후반 작업까지 세세한 정보들을 익힘.

3 학 년	동아리 활동	가상현실의 활용 분야를 조사하면서 **VR을 활용한 동화책**을 통해 몰입감을 높여주며 생생한 현장감을 줄 수 있도록 엄마의 목소리를 더빙하면 좋겠다는 아이디어를 제시함. VR 의료기기를 통해 수술을 반복적으로 연습하여 성공률을 높일 수 있다는 점을 알려줌. 또한 **VR 의료기기로 전쟁 트라우마를 치료**할 수 있는 원리에 궁금증을 가지고 조사함. 트라우마 상황에 반복적으로 노출시켜 스트레스와 회피 행동을 줄어들게 한다는 것을 이해함. **'가상현실 증강현실의 미래'** 책을 추가로 읽고, VR을 교육훈련에 활용하는 등 VR 산업의 전망을 확인함.

[교과 세특]

	구분	세부내용 및 특기사항
2 학 년	정보	동영상의 편집과 제작, 그리고 가상현실 분야에 관심이 많고, 가상현실 기술과 VR 기기를 조사하여 적절하게 활용하여 영상을 편집하는 능력이 돋보임. 교과 시간에 제시한 온라인 코딩체험에 참여하여 입문, 초급, 중급, 알고리즘 등의 과정을 차례대로 수행하면서 프로그래밍에 재미를 느끼게 되었다고 함. 자동화의 동작 원리를 더욱 쉽게 이해할 수 있어 도움이 많이 되었다고 소감을 발표함.
3 학 년	생명과학 II	세포의 연구방법 중 현미경에 관심을 보이며 전자현미경의 특징을 비교·분석하며 사진들의 특징을 설명함. 이후 **'전자현미경으로 보는 마이크로 세계'**라는 책을 읽고, 무슨 사물인지 맞추는 퀴즈를 출제하여 친구들에게 흥미와 새로움을 전달함. 추가로 **'웰컴 투 더 마이크로 월드'**라는 책을 통해 눈에 보이는 것보다 보이지 않는 것이 훨씬 더 많고 보이지 않는 작은 미생물에 의해 생태계가 움직이고 있다고 독후감을 작성하여 제출함.
	개인별 세특	VR 공간에서 직접 글씨를 쓰거나 그림을 그릴 수 있다는 틸트브러쉬를 사용하여 직접 VR 공간 속에서 글씨를 써보고 출력을 해봄. **VR 아트 퍼포먼스**를 전문적으로 하는 작가의 인터뷰와 영상을 찾아보며 틸트브러쉬로 평면이 아닌 입체구조에서 그림을 그리기 때문에 기존의 3D 작업을 보다 효율적으로 표현할 수 있는 장점이 있다는 것을 알게 됨.

➡️ 가상 및 증강현실학계열 추천도서와 탐구 주제 찾기

[가상 및 증강현실학 추천도서]

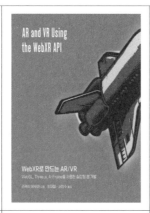

[가상 및 증강현실학 탐구 주제 찾기]

과목	단원	탐구 주제
통합 사회	인간 사회 환경을 바라보는 시각	메타버스 확산과 사회에 미치는 영향
	산업화와 도시화	증강현실이 접목된 스마트시티 영향 탐구

통합 사회	산업화, 도시화로 나타난 생활공간의 변화	메타버스로 출근함으로써 변화되는 생활공간 탐구
	불평등의 해결과 정의의 실현	가상현실 공간에서 간접체험을 통한 불평등 문제 해결방안 탐구
	미래 지구촌의 모습과 내 삶의 방향	가상 경제도시에서 내 삶의 방향성 탐구
과학	우주의 시작과 원소의 생성	메타버스 사회 구현을 위한 양자컴퓨팅 기술
	신소재의 개발과 이용	메타버스 사회 구현을 위한 AI 반도체, 성능 향상 신소재 탐구
	지구환경변화와 인간생활	가상현실 공간에서 문화적 인간의 생활 탐구
	발전과 지구환경 및 에너지 문제	메타버스를 통한 도시문제 해결방안 탐구
수학	도형의 방정식(도형의 이동)	합동, 대칭, 평형이동, 내분, 외분을 활용하여 비례와 연결지어 공간을 확대 적용한 사례 탐구
	방정식과 부등식(복소수)	복소수를 이용한 메타버스 공간 설계 탐구
	방정식과 부등식(이차방정식과 이차함수)	온라인 게임 공간에서 캐릭터에 따른 활용도의 최대·최소 전략 탐구

➡ 핵심 키워드로 알아보는 가상 및 증강현실학

모바일, 소프트웨어, 블록체인, 프로그래밍, 키오스크, 가상현실, 증강현실, 클라우드, 인공지능, 비디오, 게임, 콘솔, 영상, 디자인, 화면, 촬영, 3D, 캐릭터, 스토리텔링, 편집

ⓐ DBpia에서 가장 많이 검색된 논문

　㉠ 공연예술 특성에 따른 영상제작 방법 연구, 한국디지털콘텐츠학회

　㉡ 인공지능 교육의 현황과 학교 및 교사의 역할 변화 예측, 한국컴퓨터교육학회

　㉢ 현실과 가상의 모호한 경계 『AR(증강현실) vs VR(가상현실) vs MR(혼합현실)』의 현재와 미래, 한국방위산업진흥회

ⓔ 가상현실 기반의 뉴미디어아트 : 물질 혹은 비물질, 서양미술사학회

ⓜ 뉴미디어 콘텐츠의 상호작용성에 대한 문화기호학적 고찰, 한국디지털
콘텐츠학회

ⓑ 시사를 활용한 탐구활동

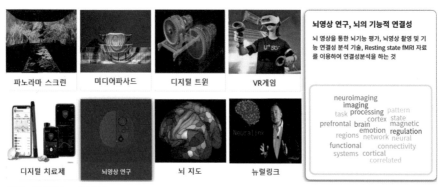

출처 : 사이언스on(KISTI)

동향	연세대 연구팀, 고해상도 LED 디스플레이 개발…"AR·VR에 활용" (2022)
	UNIST, 소리 듣는 인공피부로 로봇 조종하는 기술 개발(2022)
	디지털 트윈의 현재 그리고 미래는?(2021)

출처 : 사이언스on(KISTI)

➡ 가상 및 증강현실학에서 수강하는 대표 과목

[가상 및 증강현실학과 대학에서 이수하는 교과]

교양필수	2D그래픽, 드로잉 기초, 미디어 프로그래밍, 디자인 방법론, 3D콘텐츠 모델링
전공필수 및 전공선택	편집 디자인, GUI요소 디자인, 웹퍼블리싱, VR콘텐츠 디자인, 사진영상기법, 디자인 기획, 웹디자인, 미디어컬러플래닝, 3D애니메이션, XR 프로그래밍, XR디자인, XR 데이터 사이언스, 인공지능 프로그래밍, 모바일디자인, 인터페이스디자인, 인터랙티브웹, 인터페이스 프로토타이핑, 영상 편집 디자인, UI시스템 디자인, 모션그래픽 응용, VR/AR 콘텐츠 제작, VR/AR엔진, 360 VR동영상 제작, 빅데이터 시각화, 프로젝트 및 세미나 등

[가상 및 증강현실학과 진학에 도움이 되는 교과]

교과영역	교과(군)	공통과목	선택 과목	
			일반선택	진로선택
기초	국어	국어	화법과 작문, 독서, 문학, 언어와 매체	
	수학	수학	수학I, 수학II, 미적분, 확률과 통계	실용수학, 기하, 수학과제 탐구, 인공지능 수학
	영어	영어	영어회화, 영어I, 영어II, 영어 독해와 작문	
	한국사	한국사		

탐구	사회	통합사회		사회문제탐구, 사회과제연구
	과학	통합과학 과학탐구 실험	물리학 I	물리학 II, 과학과제탐구, 융합과학탐구, 물리학 실험
생활 교양	기술·가정		기술·가정, 정보	정보과학, 프로그래밍, 공학일반, 생활과 과학, 창의경영, 지식재산일반, 인공지능 기초
	교양		환경, 실용경제, 논술, 심리학, 논리학, 진로와 직업	
	예술			연극제작실습, 시나리오, 영화기술, 영화제작실습, 영상제작의 이해, 사진표현기법, 매체미술

※ 별색 : 핵심 권장 과목

미디어공학 진로 로드맵

➡ 미디어공학 합격자 선배들의 진로 로드맵과 세특

영상 화질 개선 방법은 크게 다양한 최적화 기법을 이용한 조명 성분 예측 방법과 딥러닝을 이용한 화질 개선 방법으로 나눌 수 있다. 조명 성분 예측 방법은 영상 내 픽셀 값은 조명(Illumination) 성분과 반사(Reflectance) 성분의 곱으로 표현 가능하다는 Retinex 이론을 기반으로 하였다. 그러나 한 장의 영상만을 이용하여 조명과 반사 성분을 완벽하게 분리하기는 매우 어려우며, 화질 개선 과정에서 색상변형(Color Distortion) 및 예기치 못한 잡음이 발생하기도 한다. 한편, 딥러닝을 이용한 화질 개선 방법은 주어진 장면 구조와 조명 간의 복잡한 관계를 직접 추정하기보다는 신경망 학습을 통해 개선된 화질의 영상을 생성한다. 즉, 입력 영상과 이에 대한 화질 개선 버전을 이용한 지도 학습(Supervised Learning)을 통해 구축한 신경망이 그 차이를 효과적으로 학습할 수 있도록 하는 다양한 방법이 연구되고 있다. 뛰어난 정확도 및 확장성으로 인해 많은 연구자들이 다양한 심층신경망 구조를 기반으로 한 영상 화질 개선 연구를 진행하고 있다.

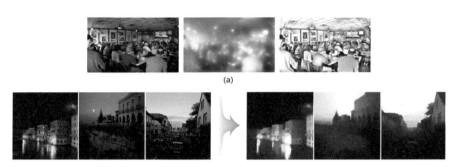

출처 : 조명 성분 예측방법(건국대 김원준)

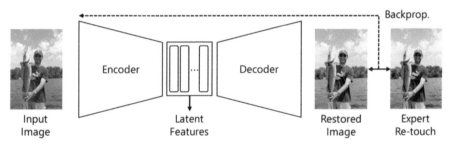

출처 : 딥러닝을 이용한 화질 개선방법(건국대 김원준)

　　디지털 콘텐츠에 디지털 저작권 관리(DRM: Digital Rights Management) 정책을 구현하기 위한 전송 제어 프로토콜을 적용하는 시스템이 주목을 받고 있다. 디지털 미디어 파일의 데이터 세그먼트를 암호화하고, 각각의 세그먼트에 설명자를 부가하여 전송한다. 암호화된 미디어 파일 수신자는 적용된 DRM 정책에 따라 디지털 미디어 파일의 암호를 해독하여 재생할 수 있어 저작권을 보호받을 수 있다. 하나의 DRM을 적용하는 경우 발생하는 문제점을 해결하기 위하여 다수의 DRM이 콘텐츠에 적용되어 있기 때문에 미디어 시스템에서 허가된 DRM

을 사용하는 모든 기기에서 추가적인 네트워크 비용 없이 한번의 인증과정으로 콘텐츠를 사용할 수 있다. 공통 암호화 기술은 하나의 콘텐츠에 여러 가지 DRM을 적용할 수 있는 기술로써 콘텐츠의 복호화를 위하여 키 식별자를 포함한 암호화 정보나 DRM 특유의 정보 등을 파일 내에 포함시키며 암호화하는 기술이다. 공통 암호화 기술은 표준 암호화와 다른 DRM 및 키 관리 시스템을 사용하여 동일한 파일의 복호화를 가능하게 하는 키 매핑 메소드를 지정하여 사용된다. 공통 암호화를 지원하는 DRM 시스템은 키 식별자(Key Identity, KID)를 통해 복호화 키를 식별하는 것을 지원해야 하며, 상기 식별된 키로 DRM 시스템에 접근하는 방법은 각 DRM 기술별로 상이하게 처리되어야 한다.

출처 : drm 솔루션 개념도(한국거래소)

[미디어공학 진로 로드맵]

구분	고등1	고등2	고등3
자율 활동	영화감독 초청 강연 참여, 독서 토론행사 참여	18세 선거권 필요성 탐구, 음향이 영상에 미치는 영향 탐구	학급 동영상 제작, 동료 멘토링 참여

	영화동아리		
동아리 활동	스토리텔링의 비밀 읽고 토론	영화감독 강연 참여, 단편영화 시놉시스 작성	미디어 파사드 공연을 시청하고 활용방법 탐구, 미장센의 9가지 구성요소 익힘.
진로 활동	미디어학과 탐방	편집자와의 만남, 편집 교육을 받고, 편집 방향에 따라 영상 효과가 달라짐을 알게 됨.	VR 영상 시청 후 이를 활용한 제작 효과 탐구, OTT 서비스의 발달로 인한 콘텐츠 시장의 변화 탐구
특기 활동		다큐멘터리 단편영화 관람 후 사회적 문제 캠페인 실시	

[창의적 체험활동]

구분		창의적 체험활동상황
2 학 년	자율 활동	영화가 음향에 의해 몰입감이 달라진다는 것을 알고, **음향 사운드가 영상에 미치는 영향**에 호기심을 가지고 '영상음향의 사운드 디자인설계가 커뮤니케이션 효과에 미치는 영향' 자료를 바탕으로 음향이 뇌파에 영향을 준다는 것을 배움. 영상분만 아니라 음향 기술까지 지식을 습득해야 함을 알게 되었다고 함.
	동아리 활동	동아리 기장으로 영화감독 강연을 듣고, 조언에 따라 동아리원들과 함께 시나리오를 작성하는 활동을 진행함. 영화 촬영 전 배우들과 영상을 찍어보며 촬영 구도를 익히고, 장비를 빌려 촬영 감독을 맡아 편집에도 참여하여 **'순수의 물결'** 단편영화를 제작함. 감수성이 풍부한 10대의 일상을 표현한 점이 돋보임.
	진로 활동	편집자와의 만남에서 현직 편집자를 만나 편집 경험담을 듣고, 영상을 보고 편집의 방향성을 설정한다는 것을 알게 됨. 편집하기 전의 영상과 후의 영상을 비교하여 시청하면서 편집의 중요성을 인식하게 됨. 편집자의 조언에 따라 직접 촬영한 영상을 편집하면서 호기심을 줄 수 있는 예고편 영상을 보여주는 이유를 알게 되고, 이를 접목하여 축제 때 방영하여 큰 박수를 받음. 마지막에 배우분만 아니라 촬영에 참여한 사람들의 모습을 보여주어 제작자의 노고에 감사를 표한 것도 좋은 평가를 받음.
3 학 년	진로 활동	**미래사회 예측하기 활동**으로 유튜브, 넷플릭스 등의 OTT 서비스가 발전하면서 다양한 도전적인 영상들이 많이 제작되고 있다는 것을 확인하며 콘텐츠 시장의 변화를 탐구함. 이를 위해 **'플랫폼이 콘텐츠다'**라는 책을 읽고 전 세계가 시장임을 알게 되었으며, 불법 복제를 막을 방법이 필요하다는 것을 깨닫게 되는 계기가 되었다고 함.

[교과 세특]

구분		세부내용 및 특기사항
1학년	정보	포토샵을 배우고 이를 활용하여 다양한 포스터를 만들 때 활용함. 손글씨보다 멀리서도 잘 보이며, 임팩트가 있다는 것을 확인함. 작품에 따른 글씨체를 개발하여 작품의 이미지를 전달하는 것을 이해하게 되었다고 소감을 발표함.
2학년	사회문화	수행평가를 수행하면서 미디어에 관심을 가지고 **'대중매체의 역기능'**을 주제로 우리 사회의 또 다른 권력인 대중매체의 '게이트키핑'에 관한 기사를 조사하여 미디어 피해의 심각성을 PPT로 작성하여 발표함. OTT 서비스 이용자 수의 증대로 인한 통신망 사용료 갈등을 주제로 이러한 현상이 이중과세인지, 아니면 사용료를 문화산업을 발전시키는 데 활용해야 하는지를 토론을 통해 발표함.
3학년	미적분I	애니메이션 **영화 속 CG에 미분의 원리**가 사용된다는 것을 알고, '미적분의 실생활 적용'을 주제로 발표함. 애니메이션 캐릭터의 움직임을 제작하는 과정을 영상자료로 보여주면서 흥미를 유발함. 단순한 문제 풀이를 위해 미적분을 배우는 것보다 사례를 통해 학습하는 것이 재미있고 원리를 오랫동안 이해하는 데 도움을 얻게 되었다고 발표함.

🔜 미디어공학계열 추천도서와 탐구 주제 찾기

[미디어공학 추천도서]

[미디어공학 탐구 주제 찾기]

과목	단원	탐구 주제
통합 사회	인간 사회 환경을 바라보는 시각	키오스크를 편리하게 사용할 UI 탐구
	산업화와 도시화	디지털 트윈 기술로 통합 조종 및 관리 기술 탐구
	산업화, 도시화로 나타난 생활공간의 변화	비대면 사회 메타버스 활용 가능성 증대 방안 탐구
	불평등의 해결과 정의의 실현	불평등을 해소할 수 있는 가상현실 체험 프로그램 제작 탐구
	미래 지구촌의 모습과 내 삶의 방향	미래를 체험할 수 있는 VFX 기술 탐구
과학	우주의 시작과 원소의 생성	메타버스 사회 구현을 위한 양자컴퓨팅 기술
	신소재의 개발과 이용	NFT기술을 활용한 문화 트렌드 탐구
	지구환경변화와 인간생활	가상현실 공간에서 문화적 인간의 생활 탐구
	발전과 지구환경 및 에너지 문제	메타버스를 통한 도시문제 해결 방안 탐구
수학	경우의 수	생활 속 여론조사나 SNS '좋아요' 통계로 효율적인 홍보 방법 탐구
	도형의 방정식(도형의 이동)	정다각형중 테셀레이션이 만들어지지 않은 사례를 보여주고 테셀레이션 작품 속 수학적 원리 탐구

수학	집합과 명제(명제)	퍼지집합을 활용한 유사도 알고리즘을 이용하여 시청자들이 원하는 최상의 디자인 탐구

➔ 핵심 키워드로 알아보는 미디어공학

멀티미디어, 콘텐츠, 증강현실, 제작, 게임, 애니메이션, 영상, 프로그래밍, 알고리즘, 편집, 복원, 통신, 스마트폰, 캐릭터, 인공지능, 그래픽스, 엔진, 데이터, 클라우드, 사운드

ⓐ DBpia에서 가장 많이 검색된 논문

㉠ 연령집단에 따른 디지털 미디어 리터러시 수준 비교 연구, 한양대 교육공학연구소

㉡ OTT 서비스의 이해와 전망, 한국방송미디어공학회

㉢ 4차 산업혁명 시대에 미디어·콘텐츠 노동 환경의 변화 : 넷플릭스의 '데이터 경영' 사례를 중심으로, 한국방송미디어공학회

㉣ 메타버스(Metaverse)와 방송 미디어, 한국방송미디어공학회

㉤ 메타버스 사례를 통해 알아보는 현실과 가상 세계의 진화, 한국방송미디어공학회

ⓑ 시사를 활용한 탐구활동

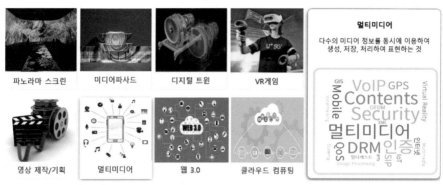

파노라마 스크린   미디어파사드   디지털 트윈   VR게임

영상 제작/기획   멀티미디어   웹 3.0   클라우드 컴퓨팅

멀티미디어
다수의 미디어 정보를 동시에 이용하여
생성, 저장, 처리하여 표현하는 것

출처 : 사이언스on(KISTI)

논문	얼굴 감정을 이용한 시청자 감정 패턴 분석 및 흥미도 예측 연구(2022)
	잡음제거 합성곱 신경망을 이용한 이미지 복원방법(2022)
	메타버스 환경에 적합한 게임 플랫폼과 디바이스 몰입요소 분석(2022)
특허	학습자의 오감을 극대화할 수 있는 반응형 디지털 교재 서비스 제공 시스템(2022)
	멀티미디어 시스템에서 미디어 데이터를 송수신하는 방법 및 장치(2019)
	이미지 처리 정보에 따라 크기와 방향을 갖는 초기 위상을 계산할 수...(2015)
보고서	임베디드 시스템에서의 GPU 가상화(2020)
	인공지능 기반 유해미디어(음란성) 분석·검출 시스템 개발(2018)
	시청자 이동형 자유시점 360VR 실감미디어 제공을 위한 시스템 설계...(2022)
동향	초현실·초몰입 기술이 교과서로(2019)
	혁신적인 미디어 아트 그룹 'ART+COM'(2021)
	인공지능 시대, 출판 생태계에 부는 혁신의 바람(2021)

출처 : 사이언스on(KISTI)

→ 미디어공학에서 수강하는 대표 과목

[미디어공학과 대학에서 이수하는 교과]

교양필수	창의적 공학설계, 기초프로그래밍실습, 멀티미디어프로그래밍, 멀티미디어 데이터베이스, 멀티미디어 네트워크, 응용수학기초
전공필수 및 전공선택	2D게임프로그래밍, 3D게임프로그래밍, 모바일콘텐츠 제작, 웹플랫폼콘텐츠 개발, 멀티미디어 클라우드컴퓨팅, 게임 및 로봇지능, 2D그래픽 실습, 3D그래픽 실습, 멀티미디어 영상처리, 멀티미디어 사운드개론, 컴퓨터비전입문, 휴먼컴퓨터인터랙션, 컴퓨터 그래픽스, 가상·증강현실, 웨어러블컴퓨팅, 3D그래픽실습, 실감미디어융합콘텐츠, 프로젝트 및 세미나 등

[미디어공학과 진학에 도움이 되는 교과]

교과영역	교과(군)	공통과목	선택 과목	
			일반선택	진로선택
기초	국어	국어	화법과 작문, 독서, 문학, 언어와 매체	
	수학	수학	수학Ⅰ, 수학Ⅱ, 미적분, 확률과 통계	실용수학, 기하, 수학과제 탐구, 인공지능 수학
	영어	영어	영어회화, 영어Ⅰ, 영어Ⅱ, 영어 독해와 작문	
	한국사	한국사		
탐구	사회	통합사회		사회문제탐구, 사회과제연구
	과학	통합과학 과학탐구 실험	물리학Ⅰ	물리학Ⅱ, 과학과제탐구, 융합과학탐구, 물리학 실험
생활 교양	기술·가정		기술·가정, 정보	정보과학, 프로그래밍, 공학일반, 생활과 과학, 창의경영, 지식재산일반, 인공지능 기초
	교양		환경, 실용경제, 논술, 심리학, 논리학, 진로와 직업	

생활 교양	예술			연극제작실습, 시나리오, 영화기술, 영화제작실습, 영상제작의 이해, 사진표현기법, 매체미술

※ 별색 : 핵심 권장 과목

디자인학 진로 로드맵

➡ 디자인학 합격자 선배들의 진로 로드맵과 세특

우리는 생활 속에서 거의 모든 서비스를 스마트 기기를 통해서 스마트 콘텐츠로 접하고 있다. 따라서 이용자들의 다양한 디바이스에서 최적의 영상을 제공하기 위한 UX(User eXperience), UI(User Interface)의 중요성이 날로 증가하고 있다. 웹 환경과 모바일 환경을 비롯한 스마트 콘텐츠 디자인에서 이제 UX/UI 디자인은 매우 중요한 부분을 차지하고 있다. 콘텐츠 접근과 관련해서 사용자는 콘텐츠의 내부적인 구조나 알고리즘이 아닌 사용자 환경에 따른 UX/UI에 따라 콘텐츠의 편리성과 접근성을 평가하게 된다. UI/UX 디자인은 해당 스마트 기기에 따라 영향을 받게 된다. 콘텐츠 서비스가 제공되는 기기의 스크린이나 네트워크 환경에 따라 설계 단계부터 고려하여 조작의 간소화, 콘텐츠의 가독성을 높이기 위한 기계적인 감지 센서를 적극 도입하고 있다.

UX/UI 디자인에서도 트렌드를 반영하고 있는데, 스큐어모피즘(Skeuomorphism)에서 뉴모피즘으로 진화하여 콘텐츠와 사용자의 니즈를 적절히 반영하고 있다. 이를 구현하기 위해서 GUI(Graphic User Interface)에 한 단계 앞서 인간이 가지고 있는 인체의 일부분을 자연스럽게 이용하거나 인간의 오감을 통한 감지능력을 인터페이스에 활용해 자연스럽게 사용하는 인간 중심의 인터페이스 NUI(Natural User Interface)가 개발되었다. NUI는 차세대 UI로 MIT에서 연구되어 착용형 컴퓨터(Wearable Computer)연구에서 시작되어 별도의 학습 과정이 필요 없이 자연스러운 음성이나 몸짓 감각 등을 사용할 수 있을 정도로 발전하고 있다.

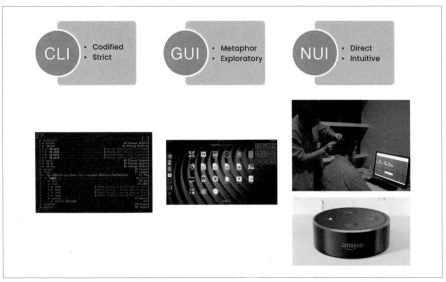

출처 : https://zivost.com/blog/what-is-natural-user-interface/

　　인클루시브 디자인(Inclusive Design)은 유니버셜 디자인(Universal Desgin)처럼 성별, 연령, 국적, 문화적 배경, 장애의 유무에도 상관없이 누구나 손쉽게 쓸 수 있는 디자인을 의미한다. 유니버셜과 인클루시브 디자인의 공통점은 모든 사회구성원들에게 친화적인 디자인이며, 사회적 약자와 강자가 공존할 수 있는 생활환경을 구성한다는 공동 목표가 있다는 점이다. 인클루시브 디자인은 평균적 사용자의 편의성도 향상시키는 장점이 있다. 스마트폰에서 시각 서포터로써 음성 낭독이나 화면 확대 서비스를 제공한다. 청각 서포터로써는 LED플래시뿐만 아니라 디스플레이 밝기를 증가시켜 착신을 알려준다.

출처 : 장애인과 노인을 위해 디자인된 스웨덴 제품들(Swedish Institute)

[디자인학 진로 로드맵]

구분	고등1	고등2	고등3
자율 활동	과학 그리기 활동 참여, 축제 소품 제작 참여	학급 미화부장, 학교 축제 패션쇼 총괄	장애인을 위한 경사로의 필 요성을 인식함
동아리 활동	미술동아리		
	에코백 디자인	인간공학 디자인 토론, 인간공학적 디자인 제작	디자인 잡지를 보고 토론, 내가 타고, 살고 싶은 것을 디 자인하여 발표
진로 활동	디자인 체험	'컬러 디자인 이미지' 토론, '기업 이미지를 디자인하라' 토론	오늘의 집 성공스토리 탐구
특기 활동		그림으로 이해하는 미분과 적 분	

[창의적 체험활동]

구분		창의적 체험활동상황
1학년	자율활동	교내 축제에서 '로미오와 줄리엣' 연극을 각색하여 직접 대본을 작성하고 친구들과 함께 완성함. **시나리오에 맞는 소품을 담당**하여 장면의 분위기와 상황에 맞게 소품을 직접 준비하면서 부듯함과 성취감을 얻었다고 소감문을 발표함.

[교과 세특]

구분		세부내용 및 특기사항
1학년	정보	증강현실과 가상현실을 이용한 영상촬영을 통해 디자인의 이해도를 높일 수 있음을 알게 된 후 **'가상현실 세상이 온다'**라는 책을 읽고, 미디어와 접목된 가상현실의 발전을 이해함.
2학년	윤리와 사상	윤리적 소비에 대해 학습한 후 소비자를 유혹하는 광고를 통해 낭비를 하게 된다는 것을 알게 됨. **'마법의 디자인'**이라는 책을 읽고 소비를 유혹할 때 어떻게 디자인을 하는지 파악하면서 많은 정보를 제공하기 보다는 사지 않으면 도태된다는 느낌을 주고, 또한 여백을 활용한 디자인이 궁금해서 더 찾아보게 한다는 것을 알고, 광고나 디자인에도 심리학을 활용한다는 사실을 알게 됨.
	생활과 윤리	정보화 사회에서 대두되고 있는 지적재산권에 관심을 가지고, 디자인권은 디자인보호법에 의해 보호되는 산업재산권임을 알게 되고, 이를 **침해하지 않는 범위가 어떻게 되는지 조사하여 회피할 수 있는 방법을 탐구**함. 가상현실 공간에서 나만의 디자인도 하나의 저작물로 인정된다는 것을 알고, 가상공간에서 나만의 디자인을 많이 선점하는 것의 중요성을 인식하는 계기가 되었다고 함.
3학년	기하	G-code를 활용하여 정확한 위치를 확인하고 제작할 수 있음을 알고, 3D프린팅 기술에 높은 관심을 가짐. 3D모델링도 저작권에 해당된다는 것을 알고, 다양한 입체적인 작품을 그려 나만의 작품을 확보하는 것의 중요성을 인식하고 **'3D프린팅 기술과 저작권'**을 주제로 보고서를 제출함.

[디자인학 추천도서]

[디자인학 탐구 주제 찾기]

과목	단원	탐구 주제
통합 사회	인간 사회 환경을 바라보는 시각	소외계층이 편리하게 사용할 UX/UI 탐구
	산업화와 도시화	뇌파로 조절할 수 있는 기술 탐구
	산업화, 도시화로 나타난 생활공간의 변화	개인적인 성향을 반영한 UX/UI 디자인 탐구
	불평등의 해결과 정의의 실현	불평등을 해소할 수 있는 인간공학 디자인 탐구
	미래 지구촌의 모습과 내 삶의 방향	모든 사람을 만족하는 유니버셜 디자인 탐구
과학	우주의 시작과 원소의 생성	양자역학을 이용한 신물질 디자인 시대의 기술
	신소재의 개발과 이용	NFT로 거래되는 문화작품 탐구
	지구환경변화와 인간생활	메타버스 공간에서 냄새, 맛을 볼 수 있는 시스템 탐구
	발전과 지구환경 및 에너지 문제	MZ세대들도 따라하는 디자인 트랩 탐구
수학	도형의 방정식(도형의 이동)	도형의 이동을 활용한 테셀레이션 작품 만들기, 테셀레이션 작가 에셔의 작품에서 수학적 원리 탐색
	다항식(항등식과 나머지정리)	여러 가지 색상, 무늬, 소재, 크기, 모양의 작은 조각이나 큰 조각들을 서로 이어붙여 하나의 작품을 만드는 패치워크를 활용한 배경 탐구
	도형의 방정식(도형의 이동)	한글, 영어, 한자를 앰비그램으로 활용한 홍보 디자인 탐구

🔵 핵심 키워드로 알아보는 디자인공학

디자인, 시각디자인, 공간, 디자인작업, 타이포그래픽, 인포그래픽, 인터랙티브, 표현능력, 이미지, 색채학, 디자이너, 미디어, 핸드드로잉, 스케치, 시안, 영상, 디지털, 다이아그램, 시각화, 심볼

ⓐ DBpia에서 가장 많이 검색된 논문

㉠ 이케아의 인테리어 시장 성공 전략 연구 : 유통, 상품 기획, 디자인 전략

을 중심으로, 한국디자인학회

ⓛ 공간 차원에 관한 시각적 패턴 연구 : 황금비, 피보나치 수열, 프랙털 이론을 중심으로, 한국실내디자인학회

ⓒ 디즈니 애니메이션과 실사영화 캐릭터의 성격 변화와 의상 색채의 연관성 연구, 한국디자인학회

ⓔ 수평적 조직구조에서 디자인씽킹 기반의 창의성 발현, 한국디자인학회

ⓜ 메타버스 시대의 문화예술과 인간 중심 디자인, 대한디자인사학회

ⓑ 시사를 활용한 탐구활동

파노라마 스크린　미디어파사드　심볼　다이아그램

인터랙티브　인포그래픽　웹 3.0　클라우드 컴퓨팅

출처 : 사이언스on(KISTI)

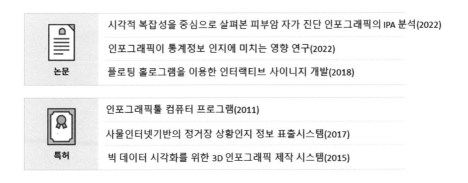

논문	시각적 복잡성을 중심으로 살펴본 피부암 자가 진단 인포그래픽의 IPA 분석(2022)
	인포그래픽이 통계정보 인지에 미치는 영향 연구(2022)
	플로팅 홀로그램을 이용한 인터랙티브 사이니지 개발(2018)

특허	인포그래픽툴 컴퓨터 프로그램(2011)
	사물인터넷기반의 정거장 상황인지 정보 표출시스템(2017)
	빅 데이터 시각화를 위한 3D 인포그래픽 제작 시스템(2015)

보고서	파라미터화된 글자 속성과 프로그래머블 폰트 기술을 이용한 차세대 CJK...(2022)
	캐릭터 콘텐츠를 활용한 ICT 융합 기반의 소비자 맞춤형 디자인 제품 제조...(2020)
	빅데이터 시각화를 위한 인포그래픽(Infographic) 제작 시스템 개발(2013)

동향	'아이언맨처럼' 손가락 터치만으로 홀로그램 바꾼다(2020)
	인포그래픽 "가짜 뉴스 판별 방법"의 전세계 활용 사례 소개(2017)
	문장300개 말한 뒤 일주일...나랑 똑같은 가상인간 탄생했다(2021)

출처 : 사이언스on(KISTI)

➡ 디자인공학에서 수강하는 대표 과목

[디자인학과 대학에서 이수하는 교과]

교양필수	기초디자인, 기초시각응용, 디자인싱킹
전공필수 및 전공선택	디자인 드로잉, 컴퓨터그래픽, 디자인 스토리텔링, 컴퓨터그래픽스, 색채디자인, 일러스트레이션, 커뮤니케이션 디자인, 타이포그래픽, 광고세미나, 포토그래픽디자인, 광고디자인, 공공디자인, 편집디자인, GUI디자인기획, UI/UX디자인, 미디어콘텐츠디자인, 모션그래픽, 인터랙티브 디자인, 캐릭터디자인, 뉴미디어와 광고디자인, 프로젝트 및 세미나 등

[디자인학과 진학에 도움이 되는 교과]

교과영역	교과(군)	공통과목	선택 과목	
			일반선택	진로선택
기초	국어	국어	화법과 작문, 독서, 문학, 언어와 매체	
	수학	수학	수학I, 수학II, 미적분, 확률과 통계	실용수학, 기하, 수학과제 탐구, 인공지능 수학
	영어	영어	영어회화, 영어I, 영어II, 영어 독해와 작문	
	한국사	한국사		

탐구	사회	통합사회		사회문제탐구, 사회과제연구
	과학	통합과학 과학탐구 실험		과학과제탐구, 융합과학탐구
생활 교양	기술·가정		기술•가정, 정보	정보과학, 프로그래밍, 공학일반, 생활과 과학, 창의경영, 지식재산일반, 인공지능 기초
	교양		환경, 실용경제, 논술, 심리학, 논리학, 진로와 직업	
	예술			영화기술, 영화제작실습, 영상제작의 이해, 사진표현기법, 매체미술

※ 별색 : 핵심 권장 과목

애니메이션학 진로 로드맵

➡ 애니메이션학 합격자 선배들의 진로 로드맵과 세특

언리얼, 유니티와 같은 상용 게임 엔진에 어느 정도 숙달되었다면 반복되는 게임 로직 제작 패턴이 지루할 수 있다. 한 단계 더 성장하기 위해서는 게임 엔진의 구조를 이해해야 하는데 여기서 수학이 매우 중요하다. 선행대수, 벡터, 행렬을 이해하면 이를 활용하여 게임 제작 과정에서 GPU의 세세한 기능을 직접 구현할 수 있다. 프레임마다 게임 콘텐츠를 구동시켜주는 렌더링 파이프라인의 핵심 시스템은 행렬이다. 벡터를 통해 원근 보정 보간, 삼각형 클리핑을 통해 입체적으로 구현할 수 있다. 3차원 공간의 회전, 3차원 공간의 유용한 연산인 외적 활용법, 그리고 원근 투영 기법을 학습하면서 3차원 그래픽을 구현할 수 있다. 3D 모델링 파일을 불러들여서 계층구조로 구성된 캐릭터를 생성할 때도 수학적 지식을 바탕으로 기능을 구현하여 새롭게 디자인할 수 있다.

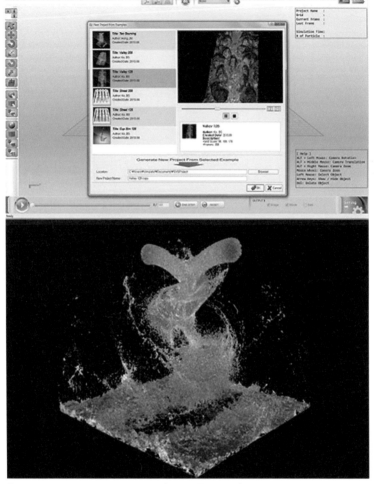

출처 : VFX제작 소프트웨어의 구동장면(동국대 홍정모교수)

디지털 게임, 컴퓨터 그래픽 기술의 발전으로 3D 입체 애니메이션의 기술이 부상하고 있다. 3D 입체 영상의 설계, 입체영상 스토리텔링, 편집 등을 통해 리얼리티를 확보한다. 극사실주의를 추구하는 디지털 애니메이션에서의 인물은 스타의 외형과 표현의 리얼리티를 유지하고, 나아가 실사와 같은 세밀한 근육의 움직임까지 표현할 수 있는 방향으로 발전하고 있다. 디지털 캐릭터에 대한 거부감과 낯섦이 미디어 자체에 대한 저항으로 이어지는 언캐니 밸리(uncanny valley)현상을 줄이도록 발전하고 있다.

　전통적인 2D 애니메이션에서는 모든 프레임을 그려서 애니메이션을 완성하였지만, 3D 애니메이션에서는 연속되는 애니메이션 중에 키 모멘트(key moment)를 기반으로 키 프레이밍(key framing)을 한다. 일단 키 프레임이 만들어지면 인비트위닝(Inbetweening) 기법을 사용하는데, 키 프레임에 포함된 정보의 평균값으로 두 프레임 사이의 중간 프레임을 계산하여 삽입되는 시퀀스의 길이에 따라 필요한 수만큼 중간 프레임을 제공한다. 또한 분명한 선에 의해 캐릭터와 배경이 명확하게 구분되는 2D 애니메이션과는 달리 3D 애니메이션은 제작 틀의 맵핑, 렌더링 방식에 의해 표현될 수 있다. 어트랙션(attraction)은 영상의 시각적 차원에서 발생하는 충격과 놀라움, 흥분과 같은 이미지가 주는 정서적, 감각적 효과를 나타낸다.

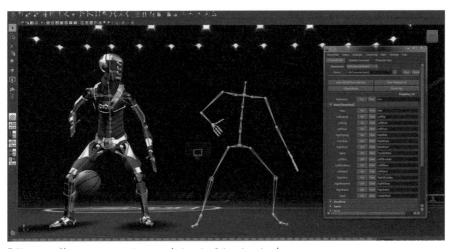

출처 : https://pointintimestudios.com/what-is-3d-animation/

[애니메이션학 진로 로드맵]

구분	고등1	고등2	고등3
자율 활동	학급정보부장, 금연 웹툰 제작	인공지능 주제 만화 , 과학미술제작, 만화박물관 견학	웹툰전문가 초빙 강연 참여
동아리 활동	미술동아리		
	만화 스토리작법 및 동작묘사 그림노트 제작, 4컷 만화 제작	애니메이션 도서 탐독, 전시회 관람, 교내미술 전시회 주관	국내 애니메이션 시장 조사, 비슷한 작품들을 비교 분석
진로 활동	인문학 강의 총 14회 참여, 인문학을 통해 사람들이 살아가는 행동과 사고방식 터득	일러스트레이터 원화집 제작, 인문학강좌 명화의 재발견 참여	애니메이션 화집을 수집, 애니메이션 연출방법 탐구
특기 활동	쉽게 배우는 만화 컬러 테크닉, 쉽게 배우는 만화 배경 원근법	자연스케치노트, 애니메이션처럼 멋진 배경 그리기, 쉽게 배우는 귀여운 동물 드로잉	만화가를 위한 익스트림 투시원근법

[창의적 체험활동]

	구분	창의적 체험활동상황
1 학 년	동아리 활동	**만화의 스토리작법**과 **인물의 동작 묘사실력**을 기르기 위해 노력하고, 틈틈이 주변의 다양한 소재를 스케치하거나 아이디어를 그려 '그림노트'에 기록하여 자신만의 포트폴리오를 제작함. 동아리 체험부스 담당자로서 공동작업을 통해 전시 작품을 설치하면서 리더십을 보여줌. 특히, 정규 동아리 시간 외 매주 수요일에 모여 꾸준히 준비한 작품(일러스트 4점, 칸 만화 3점)을 학교 축제에 전시하여 자신의 기량을 발휘함. 칸 만화에서 **토끼와 거북이를 의인화하여 금연 콘텐츠를 제작**하여 호평을 받음.
2 학 년	진로 활동	일러스트레이터가 되기 위해 각종 원화집이나 설정집을 보고 따라하면서 **자신만의 원화집을 제작**함. 스토리 구성에 필요한 창의적인 사고를 하기 위해 독서의 중요성을 알고, 꾸준히 독서를 함. 여러 일러스트레이터의 SNS속 그림이나 디즈니캐릭터 원안 등을 참고하여 유아들이 갖는 특징으로 얼굴의 볼살을 강조하여 본인만의 캐릭터를 만들어냄.

3 학 년	진로 활동	애니메이션 화집을 수집하여 역동적인 동작을 연구하고 그 캐릭터에 맞는 그림체까지 연구하는 모습을 보임. 제작한 만화를 애니메이션으로 표현하기 위해 별도로 연출 공부를 함. 플래시백이나 롱테이크 같은 연출을 배우고 이를 효과적으로 표현하기 위해 칸 만화에 적용해보는 활동을 함.

[교과 세특]

구분		세부내용 및 특기사항
1 학 년	영어	**이야기를 이용한 역할극 수행평가에서 만화 역할극을 구성**하여 각 장면에 어울리는 대사를 자연스럽게 표현하며, 역할극을 실감나게 해내어 친구들에게 박수갈채를 받음. 특히, 리얼한 감정, 행동 연기까지 표현함. **미래 자화상 발표시간에 애니메이션 회사에 입사**하여 실력을 키워 해외로 진출하고 싶다고 포부를 영어로 잘 발표함.
	미술 창작	〈**나의 멘토 그리기**〉 시간에 샘 핼린턴의 열정과 개성 넘치는 특징적인 모습을 단순화하여 메시지를 전달하는 것에 감동하여 선정하였다고 발표함. 〈**입체표현**〉 시간에 3차원 공간에 입체적인 형태를 만들어가는 과정에 흥미를 보이고, 여러 장의 스케치로 움직임이 많은 동물의 특징을 잘 살려 생동감 넘치는 소조 작품을 완성함. 〈**피카소처럼 그리기**〉 감상을 통해 큐비즘 화품을 이해하고 이를 참고하여 다양한 관점에서 표현해보면서 고정된 시야를 벗어나야 함을 깨닫게 되었다고 함.
2 학 년	문학	수필쓰기 수행평가에서 '**호박 따버린 날**'을 제목으로 철없던 고1 시절의 해프닝을 작성함. 학교 옆 텃밭에서 커다랗고 늙은 호박을 따서 자랑한 사건 등을 소개하면서 본인의 성장 과정을 익살스러우면서 자기 고백적으로 진술함.
3 학 년	화법과 작문	자아를 성찰하는 말하기 시간에 박태원의 소설 '**소설가 구보 씨의 일일**'에 빗대어 집을 나와 학교에 이르기까지의 과정을 단순한 행동 중심의 서술뿐만 아니라 자신의 내적 고민을 애니메이션 기법으로 자료를 제시하여 친구들의 공감과 호응을 얻음. 고3의 고뇌와 갈등을 매우 현실감 있게 발표함.
	사회 문화	우리 사회에서 발생할 수 있는 여러 불평등과 관련된 주제 중 **빈곤으로 인한 개인적, 구조적 문제에 관심**을 가짐. 이로 인해 일탈 행동을 일으키게 된다는 내용을 소개함. 일탈은 한 사람의 행위에 의해 결정된 것이 아니라 다른 사람들이 규범을 정하고 그 규범을 위반한 사람을 제재하고, 이를 따르지 못할 경우 낙오자라는 낙인효과가 발생하여 결정된다는 것을 소개함. 낙인 이론을 근거로 학교의 여러 교칙 위반 사례를 제시하여 설명한 점이 돋보임.

→ 애니메이션학계열 추천도서와 탐구 주제 찾기

[애니메이션학 추천도서]

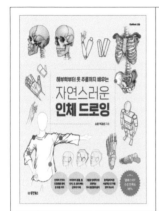

[애니메이션학 탐구 주제 찾기]

과목	단원	탐구 주제
통합 사회	인간 사회 환경을 바라보는 시각	애니메이션에 대한 사회적 인식 조사
	산업화와 도시화	온라인 사회의 개인별 가상인간 탐구
	산업화, 도시화로 나타난 생활공간의 변화	가상 인간과 실제 인간 활용 방안 탐구
	불평등의 해결과 정의의 실현	불평등을 해소할 수 있는 애니메이션 제작 탐구
	미래 지구촌의 모습과 내 삶의 방향	미래를 체험할 수 있는 VFX 기술 탐구
과학	우주의 시작과 원소의 생성	만화로 쉽게 배우는 양자역학 이해도 조사
	신소재의 개발과 이용	곰팡이에 영감을 받은 발명가, 신소재 포장재 를 탄생 애니메이션 시청 후 신소재 탐구
	지구환경변화와 인간생활	인간 성장과 상호소통을 극대화할 수 있는 애니메이션 제작 탐구
	발전과 지구환경 및 에너지 문제	애니메이션을 통한 도시문제 해결방안 탐구
수학	도형의 방정식(평면좌표)	도형을 대수로 표현하여 애니메이션 영화 속 물, 구름, 바람 등을 방정식으로 세워 움직임 표현 탐구
	방정식과 부등식(여러가지 방정식)	기하학을 수식으로 표현한 애니메이션 CG 사례 탐구
	도형의 방정식(평면좌표)	실생활에 활용된 황금비율 사례 탐구
	도형의 방정식(도형의 이동)	원, 펜타그램, 애너그램을 활용한 디자인 탐구

🔘 핵심 키워드로 알아보는 애니메이션학

애니메이션, 만화, 스토리, 창작, 컴퓨터그래픽, 재구성, 테크닉, 렌더링, 모델
링, 캐릭터, 포토샵, 모션그래픽, 스토리보드, 콘티, 풍자, 작화, 소묘, 크로키, 콘
텐츠

ⓐ DBpia에서 가장 많이 검색된 논문

    ㉠ 웹툰 통계 분석을 통한 한국 웹툰의 특징, 한국만화애니메이션학회

    ㉡ 디즈니 애니메이션과 실사영화 캐릭터의 성격 변화와 의상 색채의 연관성 연구, 한국디자인학회

    ㉢ 일본 애니메이션 산업이 오타쿠 문화에 미친 영향 연구, 한국애니메이션학회

    ㉣ 게임과 비게임 메타버스 콘텐츠에서 나타나는 유형의 융합화에 관한 연구, 한국애니메이션학회

    ㉤ 멀티버스에 기반한 마블코믹스의 트랜스미디어 스토리텔링 연구, 대한애니메이션학회

ⓑ 시사를 활용한 탐구활동

출처 : 사이언스on(KISTI)

논문	노말 맵과 3D 컴퓨터 그래픽스에서의 활용에 관한 연구(2022)
	VR애니메이션의 영웅 서사와 인터랙션 특징 연구(2022)
	카툰적 표현의 추상성과 몰입성에 관한 담론적 연구(2022)
특허	정지 영상을 동영상으로 자동 변환하는 방법 및 서버(2020)
	캐릭터 인형을 이용한 문화콘텐츠 밸류체인 서비스 제공 시스템 및 방법(2020)
	3차원 애니메이션의 모션 보정 방법 및 서버(2020)
보고서	실시간 참여형 XR전시 플랫폼 연구개발을 통한 예술·과학 융합 인재 양성(2022)
	영화 및 디지털 콘텐츠 제작시 컴퓨터 그래픽스 시각효과 피드백을 위한 리얼타임(2022)
	가상 휴먼 경험을 위한 실제-가상 형태에 따른 영향 분석(2021)
동향	만화로 미래 예언? 과학 사실에 근거(2020)
	혁신적인 미디어 아트 그룹 'ART+COM'(2021)
	머신러닝을 통한 자폐증 치료용 이모페이스(Emoface) 개발(2019)

출처 : 사이언스on(KISTI)

➡️ 애니메이션학에서 수강하는 대표 과목

[애니메이션학과 대학에서 이수하는 교과]

교양필수	기초드로잉, 하이브리드이미징, 애니메이션동작과 표현, 하이브리드 영상제작
전공필수 및 전공선택	영상기획, 디렉팅, 컨셉아트, 디지털 애니메이션, 스토리텔링, 웹툰 시나리오, 스토리보드&레이아웃, 라이프드로잉, 모션그래픽스, 웹툰 프로듀서, CG애니메이션, 캐릭터 디자인, 테크니컬디렉팅, 사운드디자인, 애니메이션동작과 표현, 만화그래픽내러티브, 해부학, VFX워크샵, 애니메이션 시네메틱, 모션타이포그래피, 비주얼 디벨롭먼트, 소프트웨어, VR영상 테크닉, 모델링&맵핑, 디지털 제작기술, 콘텐츠 프로듀싱, 프로젝트 및 세미나 등

[애니메이션학과 진학에 도움이 되는 교과]

교과영역	교과(군)	공통과목	선택 과목	
			일반선택	진로선택
기초	국어	국어	화법과 작문, 독서, 문학, 언어와 매체	
	수학	수학	수학I, 수학II, 미적분, 확률과 통계	실용수학, 기하, 수학과제 탐구
	영어	영어	영어회화, 영어I, 영어II, 영어 독해와 작문	
	한국사	한국사		
탐구	사회	통합사회		사회문제탐구, 사회과제연구
	과학	통합과학 과학탐구 실험	생명과학I	과학과제탐구, 융합과학탐구, 물리학 실험
생활 교양	기술·가정		기술·가정, 정보	정보과학, 프로그래밍, 공학일반, 생활과 과학, 창의경영, 지식재산일반, 인공지능 기초
	교양		환경, 실용경제, 논술, 심리학, 논리학, 진로와 직업	
	예술			연극제작실습, 시나리오, 영화기술, 영화제작실습, 영상제작의 이해, 사진표현기법, 매체미술

※ 별색 : 핵심 권장 과목

부록
고교학점제 들여다보기

➡️ 고등학교 교육과정의 이해

- 고등학교 교육과정은 교과(군)와 창의적 체험활동으로 편성한다.
- 고등학교 교육과정의 총 이수 학점은 192학점이며 교과(군) 174학점, 창의적 체험활동 18학점(306시간)으로 나누어 편성한다. 단, 특성화고와 산업수요맞춤형고는 창의적 체험활동을 18학점(288시간)으로 편성한다.
- 학교는 학생이 3년간 이수할 수 있는 과목을 학년별, 학기별로 편성하여 학생과 학부모에게 안내하도록 한다.

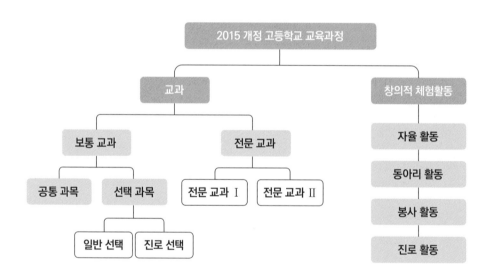

- 교과는 보통 교과와 전문 교과로 구분한다.
- 보통 교과의 영역은 기초, 탐구, 체육·예술, 생활·교양으로 구성하며, 교과(군)는 국어, 수학, 영어, 한국사, 사회(역사/도덕 포함), 과학, 체육, 예술, 기술·가정/제2외국어/한문/교양으로 한다.

- 보통 교과는 공통 과목과 선택 과목으로 구분한다. 공통 과목은 국어, 수학, 영어, 한국사, 통합사회, 통합과학(과학탐구실험 포함)으로 하며, 선택 과목은 일반 선택 과목과 진로 선택 과목으로 구분한다.
- 전문 교과는 전문 교과I과 전문 교과II로 구분한다.
- 전문 교과I은 과학, 체육, 예술, 외국어, 국제 계열에 관한 과목으로 한다.
- 창의적 체험활동은 자율활동, 동아리활동, 봉사활동, 진로활동으로 한다.

[전문 교과 I]

교과(군)	과목			
과학 계열	심화 수학I 고급 물리학 물리학 실험 정보과학	심화 수학II 고급 화학 화학 실험 융합과학 탐구	고급 수학I 고급 생명과학 생명과학 실험 과학과제 연구	고급 수학II 고급 지구과학 지구과학 실험 생태와 환경
체육 계열	스포츠 개론 체조 운동 체육 전공 실기 기초 스포츠 경기 체력	체육과 진로 탐구 수상 운동 체육 전공 실기 심화 스포츠 경기 실습	체육 지도법 개인·대인 운동 체육 전공 실기 응용 스포츠 경기 분석	육상 운동 단체 운동
예술 계열	음악 이론 합창 미술 이론 입체 조형 무용의 이해 무용 음악 실습 문예 창작 입문 고전문학 감상 극 창작 연극의 이해 연극 감상과 비평 영화 제작 실습 사진의 이해 사진 표현 기법	음악사 합주 미술사 매체 미술 무용과 몸 안무 문학 개론 현대문학 감상 연기 영화의 이해 영화 감상과 비평 기초 촬영 영상 제작의 이해	시창·청음 공연 실습 드로잉 미술 전공 실기 무용 기초 실기 무용과 매체 문장론 시 창작 무대기술 영화기술 암실 실기 사진 영상 편집	음악 전공 실기 평면 조형 무용 전공 실기 무용 감상과 비평 문학과 매체 소설 창작 연극 제작 실습 시나리오 중급 촬영 사진 감상과 비평

219

외국어 계열	심화 영어 회화 I 심화 영어 독해 I 전공 기초 독일어 독일어 독해와 작문 II 전공 기초 프랑스어 프랑스어 독해와 작문 II 전공 기초 스페인어 스페인어 독해와 작문 II 전공 기초 중국어 중국어 독해와 작문 II 전공 기초 일본어 일본어 독해와 작문 II 전공 기초 러시아어 러시아어 독해와 작문 II 전공 기초 아랍어 아랍어 독해와 작문 II 전공 기초 베트남어 베트남어 독해와 작문 II	심화 영어 회화 II 심화 영어 독해 II 독일어 회화 I 독일어권 문화 프랑스어 회화 I 프랑스어권 문화 스페인어 회화 I 스페인어권 문화 중국어 회화 I 중국 문화 일본어 회화 I 일본 문화 러시아어 회화 I 러시아 문화 아랍어 회화 I 아랍 문화 베트남어 회화 I 베트남 문화	심화 영어 I 심화 영어 작문 I 독일어 회화 II 프랑스어 회화 II 스페인어 회화 II 중국어 회화 II 일본어 회화 II 러시아어 회화 II 아랍어 회화 II 베트남어 회화 II	심화 영어 II 심화 영어 작문 II 독일어 독해와 작문 I 프랑스어 독해와 작문 I 스페인어 독해와 작문 I 중국어 독해와 작문 I 일본어 독해와 작문 I 러시아어 독해와 작문 I 아랍어 독해와 작문 I 베트남어 독해와 작문 I
국제 계열	국제 정치 한국 사회의 이해 현대 세계의 변화	국제 경제 비교 문화 사회 탐구 방법	국제법 세계 문제와 미래 사회 사회과제 연구	지역 이해 국제 관계와 국제기구

① 전문 교과 I 과목의 이수 학점은 시·도 교육감이 정한다.
② 국제 계열 고등학교에서 이수하는 외국어 과목은 외국어 계열 과목에서 선택하여 이수한다.

🔵 고교학점제란 무엇인가?

- 고교학점제란 학생이 자신의 진로에 따라 과목을 선택·이수하고, 누적 학점이 기준에 도달하면 졸업을 인정받는 제도를 말한다.
- 산업수요맞춤형고(마이스터고)는 2020학년도 입학생부터, 특성화고는 2022학년도 입학생부터 시행 중이다.
- 일반고는 2023학년도(현 중3)부터 단계적으로 시행되며, 2025년(현 중1) 전면 적용된다.

- 2023, 2024학년도 입학생(현 중2, 3)은 3개년 간 총 이수학점이 192학점(교과 174학점, 창의적체험활동 18학점)이다.
- 1학점은 50분 17회(16+1회) 수업량이다. 2025학년도 입학생(현 중1)부터는 1학점이 50분 16회이다.

[고교학점제 전면 적용을 위한 단계적 이행계획(일반고 기준)]

구분	단계적 이행		전면 적용
적용 대상	'22이전 고등학교 입학생 (현 고1, 2, 3)	'23~'24고등학교 입학생 (현 중2, 3)	'25이후 고등학교 입학생 (현 중1)
수업량 기준	단위	학점	학점
1학점 수업량	50분 17(16+1)회	50분 17(16+1)회	50분 16회*
총 이수학점 (이수 시간)	204단위 (204×17시간)	192학점 (192×17시간)	192학점 (192×16시간)
교과 창의적 체험활동(창체)	교과 180 창체 24	교과 174 창체 18	교과 174 창체 18

* 교과 수업 횟수는 감축되나, 현행 수업일수(190일 이상, 초중등교육법시행령 제45조)는 유지하여 학교가 교과 융합 수업, 이수 보충지도 등 다양한 프로그램을 자율적으로 운영할 수 있다.

출처 : 2025년 고교학점제 전면 적용을 위한 단계적 이행 계획(안)(2021.8.23., 교육부)

[고교학점제 도입 및 고교 교육 혁신에 따른 변화]

구분	과거 경향	고교 학점제
학생상	•타율적 관리의 대상	•자율적 존재로서 본인의 진로 개척에 필요한 역량을 갖추어 가는 자기 주도적 학습자
	•학교에서 제시하는 교육과정을 이수하는 수동적 존재	•자율(과목 선택)과 그에 따른 책임(이수)을 통해 민주시민으로 성장
교사상	•교과 지식 전달자, 학생 관리자로서의 역할 중시	•모든 학생의 성장과 학습을 지원하는 조력자
	•대학입시 및 진학 지도 전문가	•교수학습 전문가로서의 역할 확대

교육과정	• (운영 단위) 학년 및 학급 ※ 문·이과, 진로 집중과정에 근거한 학급 편성 및 학급을 기준으로 한 교육과정 운영	• (운영 단위) 과목을 선택한 학생 그룹 ※ 적성, 흥미 등에 따른 개인별 과목 선택에 의한 교육과정 운영
	• (편성 준거) 교원 수급 상황에 따라 교원이 가르칠 수 있는 과목 위주 편성(공급자 중심)	• (편성 준거) 학생의 진로와 적성, 흥미 중심 (수요자 중심)

출처 : 고교학점제 추진 방향 및 연구학교 운영 계획(안)(2017.11.27., 교육부)

➜ 고교학점제 평가 체제

현재 및 2023, 2024학년도 고등학교 입학생(현 중2, 3 대상)

• 모든 과목(단, 보통 교과 일반선택과목 중 교양 제외)은 성취도 평가를 하는데, 3단계(A-B-C) 과목과, 5단계(A-B-C-D-E) 과목이 있다

• 과목 중에는 석차등급 산출을 하는 과목이 있다. 석차등급은 상대평가로 1~9등급을 산출한다.

[석차등급 비율 및 누적 비율(%)]

등급	1	2	3	4	5	6	7	8	9
비율	4	7	12	17	20	17	12	7	4
누적 비율	4이하	4초과 ~11이하	11초과 ~23이하	23초과 ~40이하	40초과 ~60이하	60초과 ~77이하	77초과 ~89이하	89초과 ~96이하	96초과 ~100이하

• 공통과목은 5단계 성취도와 석차등급을 산출한다. 단, 과학탐구실험은 3단계 평가이며 석차등급은 산출하지 않는다.

• 보통 교과 일반선택과목 중 기초, 탐구, 생활·교양 교과(군)(단, 교양은 제외)의 과목은 5단계 성취도와 석차등급을 산출한다.

- 일반선택과목 중 체육·예술 교과(군), 진로선택과목(전문교과Ⅰ·Ⅱ에서 진로선택과목으로 편성된 과목 포함)은 3단계 성취도 평가를 하며, 석차등급은 산출하지 않는다.
- 특목고 학생이 전문교과Ⅰ의 과목을 배우면 5단계 성취도와 석차등급을 산출한다. 단, 과학 융합과학 탐구, 과제 연구, 물리학 실험, 화학 실험, 생명과학 실험, 지구과학 실험, 사회탐구 방법, 사회과제 연구는 3단계 성취도 평가를 하며 석차등급은 산출하지 않는다.
- 특성화고(산업수요맞춤형고 포함) 학생이 전문교과Ⅱ 과목을 배우면 5단계 성취도를 산출하며, 석차등급은 산출하지 않는다.